Weimar

Coleção Khronos
Dirigida por J. Guinsburg

Equipe de Realização – Tradução: Geraldo Gerson de Souza; Revisão: Vera Lúcia Belluzzo Bolognani e Valéria Cristina Martins; Produção: Ricardo W. Neves e Adriana Garcia.

Claude Klein

Weimar

EDITORA PERSPECTIVA

Título original em francês
Weimar

Copyright © 1968, Flammarion, Paris.

Direitos em língua portuguesa reservados à
EDITORA PERSPECTIVA S.A.
Av. Brigadeiro Luís Antônio, 3025
01401-000 – São Paulo – SP – Brasil
Telefone: (011) 885-8388
Fax: (011) 885-6878
1995

SUMÁRIO

CRONOLOGIA 9

PRIMEIRA PARTE: OS FATOS 17

1. Do final da guerra à votação da constituição 18
2. A busca de uma ordem política e social através do caos: os anos de crise 1919-1923 37
3. A pseudo-estabilidade: 1924-1929 52
4. A permanência da contestação ideológica e cultural 63
5. Retorno progressivo ao caos e morte da República de Weimar (1930-1933) 72

CONCLUSÃO 84

SEGUNDA PARTE: ELEMENTOS DO DOSSIÊ E ESTADO DA QUESTÃO 87

1. Documentos 88
2. Julgamentos dos contemporâneos 107
3. Problemas e querelas de interpretação 113

I. O "mistério" da República de Weimar diante da história 113
II. A Revolução de Novembro, os Conselhos Operários e o spartakismo 117
III. A constituição da República de Weimar e a evolução do regime. 120
IV. A influência da política externa sobre o curso da República de Weimar 120
V. O problema da inflação de 1923 123
VI. O financiamento de Hitler. 124

BIBLIOGRAFIA 127

CRONOLOGIA

ACONTECIMENTOS DA ALEMANHA

1918

21 de março –	Início da grande ofensiva alemã da primavera.
abril –	Nova ofensiva alemã.
15 de julho –	A ofensiva alemã é rechaçada definitivamente.
29 de setembro –	Constituição do governo do príncipe Max de Bade (incluindo os social-democratas majoritários) e pressão do Alto Comando com vistas a uma paz rápida.
4 de outubro –	Primeira nota alemã ao presidente Wilson, no sentido da celebração de um armistício.
28 de outubro –	Entrada em vigor da Constituição totalmente revisada pelo Reichstag e que transforma o sistema bismarckiano em monarquia parlamentar.
4 de novembro –	Revolta dos marinheiros de Kiel.

9 de novembro –	Abdicação de Guilherme II. Proclamação da República por Scheidemann (SPD majoritária). Liebknecht (spartakista) proclama, algumas horas mais tarde, a "República socialista". Ebert é nomeado chanceler.
10 de novembro –	Constituição de um Conselho dos Comissários do Povo eleito pela Assembléia plenária dos Conselhos de Operários e de Soldados de Berlim. Acordo secreto entre Ebert e o Estado-Maior: o exército se compromete a apoiar o governo contra a extrema-esquerda (spartakista).
16 de dezembro –	A conferência nacional dos Conselhos de Operários e de Soldados fixa para 19 de janeiro de 1919 a eleição de uma Constituinte (contra a opinião da extrema-esquerda).
29 de dezembro –	Os socialistas independentes deixam o Conselho dos Comissários, dando o lugar a Noske que organizará a repressão aos spartakistas.

1919

5-12 de janeiro –	A semana revolucionária se transforma em semana sangrenta. Os spartakistas são esmagados.
15 de janeiro –	Assassinato de Karl Liebknecht e de Rosa Luxemburgo.
19 de janeiro –	Eleições para a Assembléia Nacional Constituinte.
11 de fevereiro –	Ebert é eleito presidente do Reich pela Assembléia Nacional de Weimar. Scheidemann torna-se o primeiro-chanceler do novo regime.
7 de abril- 2 de maio –	República dos Conselhos na Baviera, esmagada pelos corpos-francos.
22 de junho –	Aceitação do Tratado de Versalhes pela Assembléia de Weimar.

1920

13-16 de março –	Golpe de Estado de Kapp. O exército se recusa a intervir. Greve geral para derrubar o golpe.

6 de junho –	Eleições para o Reichstag. Primeiro resvalamento para a direita.

1921

15 de março –	Ocupação de Duisburg, Düsseldorf e Ruhrort pelas tropas franco-belgas.
março –	Levantes comunistas e repressão na Saxônia, na Turíngia e em Hamburgo.
29 de agosto –	Assassinato de Erzberger.

1922

17 de abril –	Acordo de Rapallo com a URSS.
24 de junho –	Assassinato de Rathenau.

1923

11 de janeiro –	Ocupação do Ruhr pelas tropas francesas e belgas. Resistência passiva.
abril-agosto –	Inflação: o marco soçobra completamente.
26 de setembro –	Fim da resistência passiva.
21 de outubro –	O Reich intervém na Saxônia e na Turíngia contra os governos social-comunistas. Motim em Hamburgo.
outubro-novembro –	Separatismo na Renânia e no Palatinado. Fracasso. A Baviera recusa-se a submeter-se ao governo do Reich.
8-9 de novembro –	Golpe de Estado de Hitler em Munique.
15 de novembro –	Estabilização do marco.

1924

9 de abril –	Adoção do Plano Dawes.

1925

28 de fevereiro –	Morte de Ebert.
26 de abril –	Eleição de Hindenburg no segundo turno.
24 de abril –	Tratado com a URSS.
8 de setembro –	Ingresso da Alemanha na Liga das Nações.

1929

3 de outubro – Morte de Stresemann.

1930

20 de janeiro – Adoção do Plano Young.
27 de março – Demissão do gabinete Müller, último governo que dispõe de maioria parlamentar.
30 de junho – A Renânia é libertada da ocupação aliada.
14 de setembro – Eleições para o Reichstag.
dezembro – 4,4 milhões de desempregados.

1931

março – Fracasso do Plano de União Alfandegária entre a Alemanha e a Áustria.
dezembro – 6 milhões de desempregados.

1932

10 de abril – Reeleição de Hindenburg (no segundo turno) contra Hitler.
30 de maio – Hindenburg demite Brüning e o substitui por von Papen.
3 de junho – Dissolução do Reichstag.
junho-julho – Campanha eleitoral sangrenta.
20 de julho – Golpe de Estado na Prússia, von Papen destitui o governo do Land e se nomeia comissário.
30 de julho – Eleições. Os nazistas obtêm 43,9% dos votos e 230 cadeiras.
6 de novembro – Eleições: os nazistas perdem 2 milhões de votos.
3 de dezembro – Schleicher substitui von Papen.
8 de dezembro – Crise na NSADP, exclusão de Gregor Strasser.

1933

30 de janeiro – Hitler torna-se chanceler.

12

FORA DA ALEMANHA

1918

8 de janeiro –	Publicação dos quatorze pontos do presidente Wilson.
março –	Início da intervenção "aliada" na Rússia.
24 de julho –	Início da contra-ofensiva aliada.
agosto-setembro –	A resistência alemã se desmorona pouco a pouco.
11 de novembro –	Armistício.
12 de novembro –	Proclamação da República na Áustria.

1919

2 de março – 21 de março-	Criação da Terceira Internacional (comunista).
1º de agosto –	Comuna húngara de Bela Kun.
28 de junho –	Assinatura do Tratado de Versalhes.
16 de novembro –	Eleição da Câmara "azul-horizonte". O Senado americano se recusa a ratificar o Tratado de Versalhes.

1919

fevereiro –	Fim da guerra civil na URSS.
abril-outubro –	Guerra russo-polonesa.
3-16 de julho –	Conferência de Spa sobre as indenizações alemãs.

1920

25 de dezembro –	Congresso de Tours da SFIO (criação do Partido Comunista Francês).

1921

fim de fevereiro-início de março –	Revolta dos marinheiros de Cronstadt.
12 de março –	Lenin anuncia a NEP.
5 de maio –	Ultimato de Londres à Alemanha (indenizações).

29 de outubro – Conferência de Washington sobre o desarmamento.

1922

4 de janeiro – Conferência de Cannes.
10 de abril – Conferência de Gênova (primeira conferência internacional com participação da URSS).
29 de outubro – Mussolini assume o poder na Itália.
15 de novembro – Eleições gerais na Inglaterra.

1923

24 de julho – Tratado de Lausanne (substitui o Tratado de Sèvres).
13 de setembro – Começo da ditadura de Primo Rivera (Espanha).

1924

21 de janeiro – Morte de Lenin.
11 de maio – Sucesso do Cartel das Esquerdas nas eleições legislativas francesas (Herriot substitui Poincaré).
10 de junho – Assassinato de Matteotti (Roma).
16 de outubro – Acordo de Locarno.

1926

12 de maio – Pilsudski assume o poder na Polônia.
17 de setembro – Entrevista de Thoiry (Briand-Stresemann).

1927

9 de novembro – Trotski é excluído do PCUS.

1928

junho – Estabilização do franco.
27 de agosto – Pacto Briand-Kellog.

1929

24 de outubro – *Crash* de Wall Street.

1930

14 de abril – Proclamação da República na Espanha.
11 de maio – Falência do Kredit-Anstalt de Viena.

1931

20 de junho – Moratória Hoover.
21 de setembro – A Inglaterra abandona o padrão-ouro.

1932

10 de maio – Dollfuss é nomeado chanceler da Áustria.
16 de junho-julho – Conferência de Lausanne (suprimindo praticamente as indenizações).
8 de novembro – Eleição de F. D. Roosevelt.

PRIMEIRA PARTE:

OS FATOS

Capítulo I

Do Final da Guerra à Votação da Constituição

Se muitas vezes consideramos que a guerra de 1914-1918 marca o início de um novo período, de uma transformação radical da sociedade, devemos também sublinhar que 1917 é certamente o ano decisivo. Ano que determina uma ruptura incontestável e incontestada.

Primeiramente, é a própria guerra que assumirá uma nova feição. A partir do fracasso das grandes ofensivas das Potências Centrais, no outono de 1914, a guerra havia retornado às trincheiras. Em 1917, a Alemanha, sob a pressão do seu Alto Comando, decide deliberadamente se lançar numa nova forma de guerra da qual espera muito: a guerra submarina sem trégua (anunciada a 29 de janeiro). Essa decisão acarretará graves conseqüências, porque, no espaço de apenas dois meses, provocará a declaração de guerra dos Estados Unidos à Alemanha (2 de abril).

A entrada dos Estados Unidos na guerra é certamente um elemento fundamental. Os Estados Unidos abandonam sua tradicional política isolacionista; intervêm na Europa maciçamente (em 1918 o corpo expedicionário americano já contará mais de um milhão de homens!) e, apesar de um ligeiro recuo no período entre as duas guerras, pode-se dizer que nunca mais, a partir de então, deixarão de influir sobre as questões européias.

É claro que 1917 é o ano da Revolução Russa. Não é preciso lembrar a influência dessa Revolução sobre o curso posterior da história. No entanto, pode-se indicar rapidamente dois elementos que irão pesar em seguida: de um lado, no plano da guerra, o pedido de armistício dos bolcheviques (26 de novembro) que levará no final à Paz de Brest-Litovsk (3 de março de 1918). De outro, um elemento psicológico que não deixará de repercutir profunda e rapidamente tanto sobre a política européia em geral, quanto sobre a alemã em particular: aquele que não hesitaremos em denominar de traumatismo causado à consciência ocidental e burguesa pela revolução bolchevique.

Na França também, 1917 é um ano extremamente difícil. Embora Péguy (como todos os mobilizados) tenha partido "contente para a última das guerras", o desencanto chegou bem cedo. Primeiramente era a retaguarda – diziam – que não "se agüentava". Mas, depois do sangrento fracasso da ofensiva do Chemin des Dames (16 de abril de 1917), depois da rápida demissão do general Nivelle, houve um verão difícil, o das sedições, que Pétain (nomeado chefe-geral do Estado-Maior a 29 de abril e general-comandante a 10 de maio) reprimiu da forma como se sabe. A situação voltará ao normal somente nos meados de julho.

Todavia, mal Pétain conseguiu retomar o exército nas mãos e surgirá uma nova crise, mais grave ainda embora menos espetacular: dessa vez, a crise política. Clemenceau faz uma campanha encarniçada ao ex-presidente do Conselho, Joseph Caillaux (a quem acusa de traição), e a Malvy, ministro do Interior no gabinete Ribot. A espionite atinge seu ponto máximo: caso Turmel (7 de outubro), caso Mata-Hari (fuzilada a 15 de outubro). A 13 de novembro, pela primeira vez desde o início da guerra, um governo é derrubado pela Câmara (Painlevé). Finalmente, a crise será resolvida com a nomeação de Clemenceau (5 de novembro).

Essa reviravolta foi igualmente sentida na Alemanha, sob uma forma menos evidente, mas que anuncia a eliminação do imperador.

I. A crise da autoridade política e militar

a) A modificação da relação de forças em 1917

Desde o desencadear da guerra, e durante pelo menos dois anos, a vida política alemã estava estagnada. O imperador não mais conhecia direita ou esquerda, diziam; só havia alemães. Conseguira-se unanimidade no Reichstag para a votação dos créditos militares, a 4 de agosto de 1914 (Liebknecht havia fechado a questão nessa votação). A extrema-esquerda se recupera (Liebknecht não consegue votar os créditos até o final do ano de 1914) e se organiza. Já em 1915, Rosa Luxemburgo será condenada por suas atividades contra a guerra. O próprio Liebknecht sê-lo-á também depois da manifestação de 1º de maio de 1916 e de seu grito "Abaixo a guerra". No entanto, o mito da União sagrada era pertinaz. A despeito das tensões entre o Estado-Maior (dirigido por Hindenburg desde 29 de agosto de 1916) e Bethmann-Hollweg, são salvas as aparências sob a autoridade do Kaiser.

O ano de 1917 vai assinalar uma mudança. De um lado, a oposição à guerra ganha profundidade no meio do povo. O inverno de 1916-1917 foi duríssimo, as restrições maiores do que nunca. Para sair do atoleiro, Ludendorff (adjunto de Hindenburg) impõe a guerra submarina sem trégua donde advirá, como vimos, a intervenção americana.

Os meios políticos abandonarão o seu torpor. À esquerda, os spartakistas* e convertem numa força e desempenham um papel não-desprezível nas greves que sacodem Berlim. Sobretudo, uma importante facção dos social-democratas deixa o partido e funda a USPD (socialistas independentes). O centro e a direita moderada vão manifestar-se igualmente. Sua primeira expressão será a reivindicação (antiga) de suprimir o voto por classes, ainda vigente na Prússia. Da boca para fora, o imperador parece concordar com essa reivindicação, como ele manifesta em sua mensagem de Páscoa de 7 de abril de 1917. Sobretudo, será a votação da famosa resolução de paz de Reichstag, em julho de 1917, sob instigação de Erzberger. O Reichstag (Parlamento) declara desejar uma paz honesta "sem anexações e sem indenizações". A burguesia liberal mudava de campo.

Mas o Estado-Maior havia reagido antes mesmo da votação da resolução. Se houvesse ainda dúvida sobre a ditadura de Ludendorff, esta não existirá mais depois de 17 de julho. O Estado-Maior, através de Hindenburg e de Ludendorff, pressiona de tal modo o imperador que esse demite Bethmann-Hollweg e o substitui por um verdadeiro testa-de-ferro do exército, desconhecido de todos: Michaelis. Daí por diante, todo o poder político passava para as mãos

---

* De Spartacus, grupo político de extrema-esquerda, dirigido por Rosa Luxemburgo e Karl Liebknecht. (N. do T.)

dos generais, o Imperador se ofuscava completamente, ao mesmo tempo em que se manifestavam, no Reichstag, veleidades muito nítidas contra essa militarização da vida política.

b) A decomposição do regime em 1918

Até então os militares haviam escondido a realidade da situação tanto da opinião pública quanto da classe política. Em 1918, Ludendorff organizará uma última ofensiva cujo fracasso será evidente em julho. Por outro lado, no final de julho, os Aliados lançarão sua ofensiva que coloca rapidamente a Alemanha numa difícil situação. A partir dessa data, os acontecimentos tendem a se acelerar.

No mês de agosto, o Estado-Maior começa a mostrar inquietação. Não fala ainda da necessidade imediata de paz, mas propala que o exército não poderia mais se agüentar por muito tempo. Em setembro, a situação se deteriora. De repente, no final de setembro, Hindenburg e Ludendorff informam que o exército se encontra no final de suas forças e que já não é capaz de garantir a segurança das fronteiras. É a loucura geral, tanto mais que realmente é só nesse instante que a classe política, como, aliás, o conjunto da população, descobre que a guerra está perdida, que já estava perdida há alguns meses e que lhe haviam escondido essa situação. Com muita certeza, essa descoberta brutal contribuiu para criar um choque profundo no país, um estupor da derrota. Posto que essa derrota sobreveio, pelo menos na consciência geral, brutalmente e sem preparação, ela varrerá o regime imperial que a partir de 1914 esteve ligado muito de perto ao Estado-Maior.

Quando, a 27 de setembro, Ludendorff informar ao chanceler Hertling a gravidade da situação, indicando-lhe que, para evitar uma catástrofe, o exército necessitava de um armistício imediato, ele fará toda a pressão possível para conseguir igualmente a formação de um governo parlamentar, isto é, que se apoiasse numa maioria do Reichstag, o que nunca ocorrera até então. Os motivos dessa reivindicação podem parecer curiosos, sobretudo se imaginarmos que o Estado-Maior é que sempre se opusera à parlamentarização do regime. De um lado, parece que Ludendorff, com base nos 14 Pontos de Wilson, havia compreendido que os Aliados oporiam dificuldades em tratar com um governo que não fosse representativo; de outro lado, sem qualquer dúvida, é preciso fazer o Reichstag endossar a responsabilidade do pedido e da conclusão do armistício.

Esse governo parlamentar será formado dentro de alguns dias sob a presidência do príncipe Max de Bade, um liberal muito conhecido. Incluirá representantes de todos os grandes partidos.

O Estado-Maior pressiona o chanceler para que se apresse a solicitar um armistício.

A 3 de outubro, o chanceler envia uma primeira nota ao presidente Wilson. Finalmente, a 23 de outubro, Wilson informa que as condições do armistício devem ser tais que impeçam a Alemanha de eventualmente retomar as armas. É uma forma de capitulação mal disfarçada e é com esse espírito que a interpretam o governo e o Estado-Maior. No entanto, a situação interna se deteriora cada vez mais. Os primeiros sinais de resistência ativa aparecem em quase todo o exército.

A 26 de outubro, Ludendorff é demitido de suas funções, a pedido do chanceler. Nesse momento já é colocada a questão do imperador cuja situação se torna insustentável. Por outro lado, a 29 de outubro, a frota recusa fazer uma incursão inútil e, a 4 de novembro, a bandeira vermelha é içada em Kiel.

A 6 de novembro, o chanceler decide pedir a abdicação do imperador. A 8 de novembro, a República é proclamada em Munique. A 9 de novembro, a situação em Berlim é revolucionária. O chanceler anunciará a abdicação do imperador, entrega seu próprio pedido de demissão e nomeia Ebert (líder da SPD majoritária) para a chancelaria. Depois de algumas hesitações, a República é proclamada por Scheidemann.

Nesse ínterim, as negociações de armistício são feitas em Rethondes, onde Erzberger chefia a delegação alemã.

II. A nova situação: a revolução que não houve

a) As forças atuantes

Imediatamente depois da proclamação da República, é oportuno indagar quais são realmente as forças que atuam nessa Alemanha que ameaça mergulhar na mais completa anarquia. Com efeito, a situação é explosiva em quase toda parte; as manifestações se sucedem sem que se saiba sempre por quem e sobretudo contra quem – ou por quê – elas são organizadas. O exército, em várias regiões, está fugindo totalmente ao comando de seus oficiais.

Onde está o poder? Para compreendê-lo, faz-se necessário analisar as forças atuantes e sobretudo as relações entre essas forças.

Em primeiro lugar, o Exército. Durante alguns dias, com efeito, em inúmeras regiões, o comando parece ter perdido o controle de suas tropas. Não esqueçamos que a revolta dos marinheiros e de diversos regimentos contribuiu amplamente para a deteriorização do regime nos últimos meses e nas últimas semanas da guerra. Mas, em toda a parte, o comando conseguiu rapidamente reconquistar suas tropas.

Mesmo em Kiel, onde tivera início a revolta e se constituíra um Conselho de Soldados que se fundira com o Conselho de Operários, já a 6 de novembro, Noske (SPD majoritária), que viera às pressas de Berlim, conseguiu controlar a sedição. Ocorre o mesmo em relação a toda a marinha à qual o movimento revolucionário se estendera rapidamente: em Lübeck, em Hamburgo, em Wilhelmshaven, no Bremen, o movimento bastante radical nas primeiras horas é controlado quase em toda a parte pela SPD majoritária (que consegue sempre afastar os socialistas independentes). Quando se revela difícil ou impossível empunhá-lo, o movimento sempre é cuidadosamente circunscrito. Ele só deixará as mãos dos majoritários no Bremen e, em medida menor, em Brunswick. Se, na primeira hora, a infantaria se recusa de fato a intervir contra os motins, logo essa intervenção já não será necessária. O Alto Comando, alguns anos mais tarde, vai vangloriar-se de ter sabido organizar a retirada das tropas em boas condições.

No que se refere aos operários e a suas organizações, a situação é um pouco diferente, mas no final das contas, em toda a parte – com exceção de Berlim e de alguns centros – a SPD majoritária conseguirá controlar os Conselhos de Operários. Devemos, com efeito, levar em conta que o movimento cuja tendência foi multiplicar em todo o país os Conselhos de Operários (assim como, aliás, os Conselhos de Soldados: na maioria das vezes houve fusão entre os dois) tem um significado totalmente diferente conforme nos coloquemos antes ou depois de 10 de novembro.

Antes de 10 de novembro, objetivamente, os Conselhos de Operários e de Soldados desempenham um papel revolucionário. A primeira reivindicação é a paz, numa época em que se acredita ser a casta militar que se opõe à celebração da paz. Cabe observar que, muitas vezes, a abdicação do imperador não figura entre as reivindicações. Ora, na realidade, a grande onda dos Conselhos de Operários e de Soldados, que se estenderá através de toda a Alemanha e que encarna o que se costuma chamar de a "Revolução de Novembro", é posterior a 10 de novembro. Nessa segunda etapa, os Conselhos serão certamente considerados organizações revolucionárias, mas, de fato, o seu papel não é mais revolucionário. Não têm mais de lutar contra o governo, pois esse é nomeado, a 10 de novembro, pelo Conselho dos Operários e Soldados de Berlim e inclui, em iguais condições, socialistas majoritários e socialistas independentes. Somente os spartakistas não participam dele, já que Liebknecht havia analisado perfeitamente a ambigüidade do sistema.

Pode-se decerto dizer que os Conselhos de Operários e de Soldados desempenharam um papel no período de novembro de 1918 a fevereiro de 1919, mas não é o papel revolucionário que se esperava deles. Ao contrário, talvez não seja exagero afirmar que, na maioria das vezes, eles de boa-fé serviram de aval revolucionário para um governo cuja maior preocupação era precisamente frear a revolução; e esta se limitara, pelo menos para os socialistas majoritários, à mudança de chanceler.

Qual é a política da SPD, sobretudo com relação aos independentes e aos spartakistas?

O reformismo da SPD era coisa adquirida há muito tempo. Fora denunciado pelos spartakistas, fora até uma das razões da cisão com os Independentes (com relação à atitude frente à guerra). Não obstante, a SPD, o mais importante dos partidos políticos alemães, por sua organização, pelo número de filiados, por sua antiguidade, continuava sendo o partido da classe operária. Daí a ambigüidade da situação de novembro-dezembro. Quanto ao programa do partido, basta recordar que a sua principal reivindicação era a supressão do sistema eleitoral por classes na Prússia. A 9 de novembro, Ebert envidara esforços desesperados para manter a forma imperial: fora contra a sua opinião que Scheidemann proclamara a República. Ebert obtivera um duplo aval, primeiramente do príncipe Max de Bade, que desempenhava o papel de regente *de facto* (o próprio Ebert o pressionara a assumir o título), e também da Assembléia dos Conselhos de Operários e de Soldados. Além disso, a SPD se vangloriava de não ter querido tocar na organização administrativa, conservando assim ao seu serviço os elementos mais reacionários do Império. Da mesma forma, no aparelho judiciário, Radbruch fará questão de respeitar a independência da magistratura e não procederá a qualquer "depuração" nesse setor, de longe o mais conservador: as conseqüências desse erro trágico não deixarão de aparecer quando, alguns anos mais tarde, por ocasião dos distúrbios provocados pela extrema-direita, a justiça se recusar praticamente a condenar os autores dos piores atentados[1].

1. Cf., sobre esse ponto particular, o livro muito sugestivo de H. e E. Hannover, *Politische Justiz 1918-1933*, Fischer-Bücherei, 1966. Dos mes-

Para os spartakistas, a situação é muito clara. A Revolução não termina em 9 de novembro, ela apenas começou. Dirigidos por Karl Liebknecht e Rosa Luxemburgo, os spartakistas travam um combate, do qual é muito fácil dizer, cinqüenta anos depois, que estava perdido de antemão, mas que em todo caso dificilmente podiam vencer. Não só eram minoritários, mas sobretudo, talvez paradoxalmente, foram desservidos pela revolução russa. Isto porque foram combatidos por serem bolchevistas (assimilados), uma vez que a revolução de outubro havia traumatizado as consciências ocidentais. Embora tenham estado, em grande parte, na origem do movimento dos Conselhos, logo o controle lhes escapará totalmente, na medida em que serão institucionalizados. No Congresso Nacional dos Conselhos de Operários e de Soldados da Alemanha, realizado em Berlim de 16 a 21 de dezembro de 1918, eles obterão apenas dez delegados de um total de 489. Liebknecht e Rosa Luxemburgo, a despeito de todos os esforços de seus amigos, não conseguirão ser incluídos. É exatamente esse Congresso que irá soar definitivamente o dobre de finados da Revolução quando se decidiu pela eleição de uma Assembléia Nacional Constituinte em janeiro. A partir de então, o único recurso será a revolta.

Entre essas duas tendências, os Independentes desempenham um papel que nem sempre é fácil discernir. Incontestavelmente, constituem uma força organizada, muito mais importante do que os spartakistas. Aliás, formalmente, os spartakistas se separarão dos Independentes somente no final de dezembro de 1918, para fundar um partido comunista (Liga Spartakista). Na realidade, os Independentes estão divididos. Continuarão assim até o momento, três anos mais tarde, em que a ala esquerda se fundirá com os antigos spartakistas e a ala direita voltará a reintegrar a SPD majoritária. Durante as semanas difíceis de novembro-dezembro, sua atitude será de constante hesitação. Se ingressam no Conselho dos Comissários do Povo no começo de novembro, é para abandoná-lo no final de dezembro, quando a política da SPD se transformará em sangrenta repressão da extrema-esquerda.

b) As semanas difíceis: novembro 1918 – janeiro 1919

Ebert, nomeado chanceler pelo príncipe Max de Bade, não conseguiu escapar da corrente revolucionária, pelo menos na primeira etapa.

mos autores, *Der Mord an Rosa Luxemburg und Karl Liebknecht. Dokumentation eines politischen Verbrechens*, Suhrkamp, 1967.

A 10 de novembro, uma Assembléia dos Conselhos de Operários e de Soldados de Berlim, reunida no Circo Busch, elege um Conselho dos Comissários do Povo. Composto de seis membros, incluirá três comissários da SPD majoritária: Ebert, Scheidemann e Otto Landsberg, e três comissários socialistas independentes: Haase, Dittmann e Barth. A Assembléia elege também um Comitê Executivo, depositário da soberania e que deve controlar os comissários. Muito rapidamente, entretanto, esse comitê executivo vai-se desvanecer e não mais exercerá qualquer autoridade efetiva.

A maior preocupação de Ebert, a partir desse dia, é evitar a ampliação da Revolução. É conveniente que as coisas voltem ao normal o mais rápido possível. No entanto, a situação em Berlim é explosiva e os comissários não têm meios de fugir das pressões spartakistas. O bolchevismo é o inimigo comum da social-democracia e do exército. A partir daí, não lhes restará outra alternativa senão unir-se para salvar o país do contágio bolchevique. É o que será feito com a ascensão de Ebert ao poder, com a concordância dos Independentes. Já não é o caso, aliás, de substituir Hindenburg e Groener[2], os comandantes do exército imperial. Será Groener o pivô do acordo entre o exército e o novo poder.

Nesse meio tempo, Ebert se preocupa em atrair uma parte da classe operária. Já a 12 de novembro, anuncia a adoção da jornada de oito horas. A 15 de novembro, os sindicatos, dominados pela SPD majoritária, assinam um acordo com os patrões, conhecido pelo nome de Acordo Stinnes-Legien. Os problemas do trabalho devem ser resolvidos no seio de uma "comunidade do trabalho" que agrupe os patrões e os operários. Evidentemente, é a marca típica de um período revolucionário!!! A 23 de dezembro, um decreto introduz as convenções coletivas no direito alemão.

Entretanto, prossegue a agitação. A 18 de novembro, a *Rote Fahne*, órgão dos spartakistas, começa a ser publicada com regularidade. Mas somente em dezembro é que a situação se tornará realmente tensa. No dia 6 de dezembro, uma tentativa de eliminar o comitê executivo, cujos motivos continuam até hoje pouco conhecidos, vai provocar indiretamente uma troca de tiros, quando são mortos dezesseis spartakistas. É grande a emoção nos meios operários.

No dia 16 de dezembro, o Congresso Nacional dos Conselhos de Operários e de Soldados decide, contra a opinião dos spartakis-

---

2. Groener havia sucedido a Ludendorff, no final de outubro.

tas, fixar para 19 de janeiro a eleição de uma Assembléia Constituinte. Queria dizer que a situação revolucionária devia terminar. Ao mesmo tempo, Ebert se preocupa em pôr um fim à agitação revolucionária em Berlim e em algumas grandes cidades. Assim é que, no final do mês de dezembro, vai explodir a trágica questão da divisão da Marinha. São cerca de três mil marinheiros, antigos revoltosos (Kiel), que vieram a Berlim a serviço da Revolução. Entrincheirados no castelo real, constituem uma ameaça permanente para Ebert, a quem isolaram certa vez em seu gabinete da Chancelaria. Finalmente, são enviadas as tropas do exército contra eles. A 24 de dezembro contam sessenta mortos, mas mantêm o castelo.

É nesse momento (29 de dezembro) que os comissários independentes deixam o Conselho, por desaprovarem a sua tendência anti-revolucionária. Noske então é admitido e vai formar os corpos-francos que irão esmagar os revolucionários. A destituição do chefe de polícia Eichhorn será o pretexto para uma grande manifestação spartakista. Uma greve geral rebenta a 6 de janeiro. É o momento, ao que parece, em que Liebknecht e Rosa Luxemburgo pensam realmente na possibilidade de tomar o poder. De 9 a 13 de janeiro, uma repressão sangrenta se abaterá sobre Berlim. Contam-se os mortos às centenas e aos milhares. Liebknecht e Rosa Luxemburgo são assassinados a 15 de janeiro, quando estavam detidos. Ao mesmo tempo, são "varridas" algumas ilhotas revolucionárias, notadamente no Bremen e no Ruhr.

c) A ambigüidade da "Revolução"

A ambigüidade fundamental dessa revolução de novembro é que, na realidade, ela nunca ocorreu. Quem queira se convencer disso talvez tenha de refletir sobre a revolução de outubro que, por um momento, literalmente obsedou alguns "homens de novembro" (Novemberleute): houve quem quisesse ver, na revolução de novembro, o "fevereiro" alemão. Esperava-se outubro. Em essência, foram os comunistas que desenvolveram essa comparação que, durante algum tempo, lhes serviu mesmo de guia para a ação revolucionária. O próprio Lenin, que sempre concedeu extrema atenção aos sobressaltos revolucionários na Alemanha, chegou, em junho de 1920, a comparar ao caso Kornilov o golpe de Estado de Kapp que acabava de ocorrer. Mas é indagando-se sobre a comparação que se verá aparecer mais nítidos os traços próprios dessa falsa revolução.

Uma tese em voga, entre numerosos historiadores alemães, é que, como no Fevereiro da Rússia, a Revolução de Novembro deixou que subsistisse um "duplo aparelho estatal". De um lado, a administração clássica, que nunca foi afastada. De outro, principalmente, os Conselhos de Operários e de Soldados. Mas a grande diferença seria que, enquanto o campesinato russo podia constituir um fermento revolucionário, o alemão, ao contrário, era reacionário. Além disso, o governo que se originou de fevereiro não concluíra a paz, ao passo que, já a 9 de novembro e mesmo antes, a causa era entendida na Alemanha do ponto de vista da cessação das hostilidades. Por outro lado, ao contrário da burguesia russa, fraca e desorganizada, a alemã foi um adversário temível. Finalmente, o proletariado alemão, já integrado parcialmente à sociedade burguesa, não pôde desempenhar o papel de ponta de lança da revolução, como na Rússia. Vimos muito bem, com efeito, que os elementos mais radicais eram oriundos dos Conselhos de Soldados, os quais, na maioria das vezes, eram relativamente pouco socializantes.

Para simplificar, se a Revolução de Novembro tivesse sido feita em nome da paz, estaria terminada no dia 9 de novembro. Se tivesse sido feita em nome da República (o que não é seguramente correto!), seria a mesma coisa. É esse o imenso mal-entendido do 9 de novembro, dessa grande jornada berlinense, dessas horas "revolucionárias" que não serviram para nada. Mas, em contrapartida, saber se a Revolução se fez em nome do socialismo, o que é a verdadeira questão, é talvez mais simples e mais complexo ao mesmo tempo. Mais simples, porque, se o observarmos de perto, os atores do 9 de novembro não desejaram o socialismo. Apenas a República democrática burguesa (e exatamente porque estava convencido disso desde o primeiro momento é que o Estado-Maior deixou fazer e mesmo apoiou Ebert e Scheidemann). Mais complexo, porque, de um lado, é difícil, senão impossível, analisar os motivos dos manifestantes do 9 de novembro; sem dúvida estavam divididos, e seria certamente muito temerário afirmar que se esperava a revolução. Ela era possível, sem dúvida, mas aqueles que poderiam tê-la feito, muito ao contrário, tudo fizeram para impedi-la. Mesmo a proclamação da República, no fundo, não passou de uma concessão. De outro lado, os spartakistas, os únicos que haviam tentado alguma coisa já em 9 de novembro, eram fracos demais e cometeram graves erros táticos.

O 9 de novembro foi, portanto, um imenso qüiproquó. A revolução estava terminada antes mesmo de ter começado. As semanas que se seguiram até a eleição da Assembléia Nacional Constituinte não foram semanas revolucionárias, mas semanas de tumultos. Apesar de todos os seus esforços, Liebknecht e Rosa Luxemburgo não puderam transformar os tumultos em insurreição. A única possibilidade, de novembro a janeiro, residia nos Conselhos de Operários e de Soldados, mas, como vimos, esses foram totalmente enredados e finalmente afastados de toda atividade política verdadeira.

d) A crise do Federalismo e a Baviera

Se o caso aqui é essencialmente o da crise provocada pelas tentativas socializantes da Baviera, no entanto é, antes de tudo, de uma crise do federalismo que devemos falar. Essa crise tem início já no começo do mês de novembro de 1918 e influenciará toda a República de Weimar. A crise bávara foi apenas um elemento dessa crise.

Vimos que, a 8 de novembro de 1918, portanto um dia antes de Berlim, a República fora proclamada em Munique, varrendo assim a mais antiga das dinastias reinantes na Alemanha, a dos Wittelsbach. O iniciador do movimento fora um jornalista, Kurt Eisner, socialista de tendência mais utopista, filiado ao Partido Socialista Independente. Desde o princípio, salvo a oposição à guerra, a tônica é a hostilidade à Prússia. Em torno desses temas, ele consegue mesmo atrair em parte os partidos burgueses. Os Conselhos de Operários e de Soldados desempenharão um papel muito mais importante do que no resto da Alemanha. Eisner conseguirá mesmo se manter depois das eleições para a Dieta bávara de 12 de janeiro de 1919 que o colocam em minoria. A partir da reunião da Assembléia Nacional de Weimar, a 6 de fevereiro, Eisner se tornará o paladino dos Länder*. o entanto, é assassinado em 21 de fevereiro, por um extremista de direita (Arco-Valley). A emoção será imensa em Munique depois desse assassinato e a situação irá deteriorar-se bem depressa. O Landtag (Dieta) bávaro, conservador, é posto de lado completamente pelos Conselhos. Rapidamente estes se radicalizam, para finalmente proclamarem, a exemplo da Rússia e da Hungria, uma "República dos Conselhos" (7 de abril). Com efeito, os Conselhos perderam todo contato com a massa, nem mesmo o novo Partido Comunista podia apoiar a nova linha política; mas acabará por aderir a ela a fim de tentar salvá-la. A contra-revolução se organizou rapidamente sob a direção de Hoffmann, primeiro-ministro

---

* Divisão territorial da Alemanha, na época, correspondente mais ou menos ao nosso estado. Landtag é a Assembléia Estadual, também chamada de Dieta. (N. do T.)

SPD, e no espaço de duas semanas vai esmagar completamente a Revolução (fim de abril – início de maio de 1919). As execuções se contarão às centenas. A partir dessa data, a contra-revolução se instala em Munique, donde não mais sairá, permitindo, principalmente, durante longos anos, as atividades de Hitler.

Os acontecimentos da Baviera, embora não tenham uma importância muito grande no plano revolucionário, porque desde o início os socialistas bávaros foram superados pelos acontecimentos, porque a linha seguida não tinha saída, devem no entanto ser enfatizados no contexto mais geral da crise do federalismo. De fato, sob formas diferentes, foi o conjunto dos Estados do Sul da Alemanha que manifestou, de novembro a fevereiro, uma desconfiança certa com relação à Berlim, isto é, à Prússia. A maioria dos Estados do Sul realizaram eleições muito cedo (12 de janeiro em Munique, 15 de janeiro no Wurtemberg, 23 de janeiro no Baden). E isso tanto mais que Hugo Preuss, a quem Ebert encarregara de redigir o anteprojeto de Constituição, era partidário de uma Alemanha mais unitária. No começo de fevereiro, Eisner apresentou em Weimar contrapropostas em nome de cinco Estados (Baviera, Saxônia, Wurtemberg, Baden e Hessen). Nesse plano é que Eisner foi certamente representativo de uma corrente federalista muito forte.

III. A Assembléia Nacional Constituinte de Weimar

As eleições ocorreram a 19 de janeiro de 1919. Em Berlim, como em Varsóvia menos de um século antes, "reina a ordem". No país, salvo o caso da Baviera, a situação é relativamente calma (com exceção de algumas ilhotas revolucionárias que subsistem). A situação econômica é ruim: o desemprego é grande, o abastecimento de víveres é péssimo. Nas eleições, os spartakistas que se haviam constituído como Partido Comunista (31 de dezembro – 1º de janeiro) não apresentaram candidatos, contra a opinião expressa no Congresso por Karl Leibknecht e Rosa Luxemburgo. É a época, para os comunistas de tendência ultra-esquerdizante, que levará alguns meses depois a uma cisão. Essa tendência foi denunciada por Lenin na brochura *O Esquerdismo, Doença Infantil do Comunismo*, publicada em junho de 1920[3]. No entanto, é verdade que os resul-

---

3. No Capítulo 5, Lenin denuncia a oposição de esquerda no seio do Partido Comunista alemão, mas no Capítulo 7 (Ed. Sociales, 1953, p. 45) ele

tados dessas eleições confirmariam os temores dos esquerdizantes: com o auxílio do mito do sufrágio universal, foi possível pôr fim "legalmente" à Revolução.

a) As eleições de 19 de janeiro de 1919 e a maioria parlamentar

A forma antiga de escrutínio majoritário é abandonada em favor do escrutínio proporcional. Naturalmente, a forma prussiana (por classes) é abolida. As mulheres votam, bem como os soldados. A maioridade política é fixada em 20 anos (ao passo que a maioridade civil continuava aos 21). A participação eleitoral atinge 83%.

Os resultados dessas eleições são bastante curiosos. Conforme as consideremos sob o ângulo da Revolução de Novembro ou sob o da coligação democrático-burguesa, a interpretação é totalmente diferente.

Com um pouco mais de 11,5 milhões de votos (ou seja, perto de 40% dos sufrágios expressos e 165 cadeiras), a SPD majoritária parece ficar com a parte do leão. Os socialistas independentes obtêm apenas 2,3 milhões de votos (isto é, 7,8 dos votos válidos e 22 cadeiras). A esquerda parece, portanto, vitoriosa, já que ela sozinha representa perto de 45% do país. Na realidade, não é nada disso, e está aí toda a ambiguidade desse escrutínio.

De um lado, com efeito, a SPD fica decepcionada, porque esperava – com bastante razão – conseguir maioria absoluta. Ficou longe disso. *De outro lado*, a aliança com os Independentes está fechada desde o final de dezembro. Não é, pois, questão de um governo socialista homogêneo (SPD – Independentes); aliás, mesmo para eles dois, os partidos não dispõem da maioria, embora se aproximem bastante dela. À SPD majoritária não resta outra alternativa senão buscar uma aliança mais à direita, com partidos burgueses, já que não há dúvida de que irá dirigir o novo governo. A partir de então, vê-se emergir um fenômeno muito conhecido na França: um governo que deverá *necessariamente* estar mais à direita do que a Câmara de onde se originou.

Quando observamos de mais perto, percebemos que se houve sucesso nessa consulta eleitoral de 19 de janeiro, foi o sucesso da maioria parlamentar de julho de 1917, a que votara a moção de paz. Com efeito, essa moção reunira a SPD majoritária, o Zentrum

se refere ao erro de janeiro de 1919, o de haver considerado que "o parlamentarismo fez politicamente seu tempo" e de não ter participado das eleições.

Católico (partido de Erzberger) e o Partido do Progresso (Fortschrittspartei), partido da burguesia democrata e liberal que, depois de novembro, se tornou o Partido Democrata (Deutsche demokratische Partei). O Zentrum obtivera 5,9 milhões de votos (ou 19,7% e 91 cadeiras), os democratas 5,6 milhões (18,6% e 75 cadeiras). Esses mesmos partidos haviam militado desde 1917 pela parlamentarização do regime: viam assim seus esforços coroados de êxito, ao mesmo tempo que se confirmava o verdadeiro significado do novembro alemão. Nasceu assim a célebre coligação de Weimar.

Cabe observar, entretanto, que nessas mesmas eleições, sob o nome de Partido Nacional Popular Alemão (Deutschnationale Volkspartei, geralmente chamado "nacional-alemão"), se haviam apresentado os conservadores e monarquistas convictos (3,1 milhões de votos, 10,3% e 44 cadeiras). O antigo Partido Nacional-Liberal se havia reconstituído sob a denominação de Partido Populista (Deutsche Volkspartei); sob a direção de Gustav Stresemann, ele representará, durante toda a República de Weimar, o partido da grande burguesia dos negócios, muito próximo dos meios industriais e financeiros. Os populistas estréiam muito fracamente: 1,3 milhões de votos, ou 1,4% e 19 cadeiras[4].

A 6 de fevereiro, a Assembléia se reúne em Weimar. Essa cidade fora escolhida porque Berlim não parecera bastante segura, nos meados de janeiro, quando se tivera de fixar a sede da Constituinte. Pode-se evidentemente comparar com a escolha de Versalhes em 1871. Além disso, a escolha de Weimar era simbólica por duas razões. De um lado, dava uma certa satisfação aos representantes dos Estados do Sul, contrários à preeminência da Prússia e de Berlim. De outro, desejava-se marcar a ligação com o espírito de Weimar, o da grande época goethiana. Finalmente também, a cidade era fácil de defender militarmente e dispunha de um grande teatro moderno que podia servir de palco para os trabalhos da Assembléia. Somente no outono de 1919, depois da adoção da Constituição, é que a Assembléia irá instalar-se em Berlim, nos edifícios do Reichstag.

A 11 de fevereiro, por 277 votos contra 51 e 51 abstenções, Ebert é eleito presidente do Reich até a eleição do futuro presidente de acordo com a Constituição. A 13 de fevereiro, Ebert indica Scheidemann (SPD majoritária) para chefiar o governo, que forma

---

4. Não foram considerados alguns pequenos partidos, geralmente do centro-direita que obtiveram no total 1,6% dos votos e 14 cadeiras.

um governo de coalizão com o Zentrum (notadamente Erzberger) e com os democratas (principalmente Hugo Preuss).

b) O Tratado de Versalhes e sua ratificação pela Assembléia de Weimar

Já no final de fevereiro começava, em Paris, a grande conferência da paz. Mas esta será concluída em duas etapas: primeiro, ela se faz sem a presença dos vencidos, que somente em maio serão convidados a "comparecer", para ouvirem a comunicação das condições fixadas pelos Aliados. É realmente dessa forma, no sentido mais literal do termo, que se deve entender a expressão Diktat. Na mente dos Aliados, especialmente na de Clemenceau, as condições de paz deviam ser estabelecidas apenas por assinatura, não por discussão. Tudo foi feito, aliás, para humilhar a delegação alemã, chefiada pelo ministro dos Negócios Estrangeiros, o conde Brockdorff-Rantzau. O trem que conduzia a delegação alemã a Paris atravessou a França muito lentamente; chegando a Versalhes, a delegação foi levada para um hotel, separada do resto do mundo por paliçadas, a fim de evitar qualquer contato com o exterior.

O documento elaborado pelos Aliados foi entregue à delegação alemã a 7 de maio. O tom foi dado por Clemenceau em seu discurso sobre o "segundo Versalhes", referindo-se à proclamação do Império por Bismarck, em Versalhes, a 18 de janeiro de 1871.

Para marcar ainda mais esse caráter de Diktat, os Aliados concediam aos alemães um prazo de apenas quinze dias para devolver suas observações, questões ou contrapropostas, mas unicamente *por escrito* (o prazo foi prorrogado por uma semana).

Quando foi conhecido o texto do tratado elaborado pelos Aliados, sobreveio evidentemente uma grande indignação na Alemanha. Em 12 de maio, o chanceler Scheidemann informava que de modo nenhum assinaria um tratado desses. Particularmente o artigo 231, que lançava sobre a Alemanha toda a responsabilidade pela guerra (responsabilidade moral, como também financeira), foi duramente criticado.

A 22 de junho, não restou à Assembléia outra saída senão aceitar a assinatura do tratado por 237 votos contra 138. O tratado foi assinado definitivamente a 28 de junho.

Diktat, o Tratado de Versalhes o era também e principalmente por seu teor. No plano territorial, a Alemanha perdia, além de todas as suas colônias (Togo, Camarões e Sudoeste Africano transformados em territórios sob mandato da Liga das Nações), a Alsácia-Lorena (o que não suscitava objeções), uma parte do Schleswig, Dantzig, Memel, importantes territórios na Polônia, parte da Baixa Silésia (que passava para a nova Tchecoslováquia), a região de Eupen e de Malmédy (que passava para a Bélgica). No total, perto de 1/8 de seu território anterior a 1914 e 1/10 de sua população.

Outras cláusulas foram sentidas mais duramente: cláusulas militares em primeiro lugar. Desmilitarização da margem esquerda do Reno, bem como de uma zona de cinqüenta quilômetros a leste do Reno, abolição do serviço militar obrigatório, limitação do exército a cem mil homens, armamento reduzido – era autorizada apenas uma artilharia leve de 288 peças –, a marinha era reduzida a quase nada. Sobretudo, cláusulas penais ou quase penais foram consideradas uma afronta: além do artigo 231, era prevista a possibilidade de julgar alguns responsáveis, desde Guilherme II, cuja extradição será pedida, até oficiais mais modestos. As indenizações, cujo princípio fora colocado, seriam decididas quanto ao seu montante por conferências posteriores. A delegação alemã havia proposto, ao contrário, determinar no Tratado o montante das indenizações e fixá-las em cem bilhões de marcos-ouro, pagáveis em cinqüenta anos. Os Aliados não concordam.

c) A Constituição da República de Weimar

Em 14 de novembro de 1918, Ebert havia nomeado o professor Hugo Preuss para o posto de Secretário de Estado para o Interior[5], com a missão de preparar um anteprojeto de Constituição que servisse de base para os trabalhos da futura Assembléia Constituinte. Preuss, conhecido professor de tendências liberais e democráticas, se filiará ao Partido Democrático Alemão. Ao fazer essa escolha, é certo que Ebert buscava um aval burguês para a Revolução de Novembro, na linha geral de sua política. A questão era não assustar a burguesia e o exército.

A Constituição, com 181 artigos, foi discutida de fevereiro a julho. Votada a 31 de julho por 262 votos contra 72 (socialistas independentes, populistas e nacional-alemães). Foi promulgada no dia 11 de agosto de 1919, que passou assim a ser o dia da Constituição: durante toda a República de Weimar, foi possível assim medir a crescente indiferença com que foi comemorado.

---

5. Na Alemanha, os postos de secretário de Estado não são considerados postos políticos, mas administrativos.

O Reich alemão é uma República, afirmava o artigo 1º. Mas é mister observar que é a única vez em todo o texto constitucional que se empregava a palavra República! Curioso compromisso que o realizado na adoção da bandeira vem acentuar ainda mais. Contra aqueles que desejam conservar as cores imperiais preto-branco-vermelho, são adotadas as cores de 1848: preto-vermelho-ouro. Para a Marinha são mantidas as cores antigas tendo as novas como brasão. Essa questão das cores do Reich será objeto de contestações durante toda a vida da República de Weimar.

No que se refere às relações entre o Reich e os Estados, serão adotadas igualmente soluções intermediárias. De um lado, são suprimidos alguns Estados minúsculos (principalmente na Turíngia), mas a Prússia não é substancialmente tocada. Continua bastante grande a autonomia dos Estados: no plano constituinte, legislativo e administrativo. As competências do Reich são determinadas pela Constituição, mas são muito amplas. É introduzido o princípio Reichsrecht bricht Landesrecht (o direito do Reich se sobrepõe ao direito do Estado) (em caso de conflito).

As soluções mais originais são aquelas que se referem à organização dos poderes públicos no plano do Reich. De um lado, um Reichstag eleito por sufrágio universal, direto e por *escrutínio proporcional*. É criado também o Reichsrat, uma Câmara federal (no seio do qual o poder da Prússia é limitado), mas os poderes dessa Câmara federal são muito restritos e, na prática, ela desempenhará um papel menor.

É, principalmente, o bicefalismo do Executivo que introduz uma forma particular de regime parlamentar. Um presidente do Reich, eleito por sufrágio universal para sete anos de governo, com poderes amplos, podendo notadamente submeter a um referendo popular as leis votadas pelo Reichstag (e que ele desaprove). Em caso de crise, o presidente poderá, por decretos, tomar as medidas necessárias para a manutenção da segurança e da ordem públicas (é o famoso artigo 48), mas o Reichstag poderá, se o quiser, anular esses decretos. Esse artigo 48 será utilizado freqüentemente, a partir de 1930, para legislar, na ausência de maioria parlamentar. Ao lado desse presidente existe um governo chefiado pelo chanceler do Reich, nomeado pelo presidente e responsável perante o Reichstag. O presidente do Reich dispõe do direito de dissolver o Reichstag, direito que, na prática, ele pode exercer de maneira ilimitada.

Esse curioso sistema, que combina o parlamentarismo clássico com o regime presidencial, denominado mais tarde precisamente parlamentarismo weimariano (ou orleanista), se assemelha um pouco com o regime constitucional estabelecido na França depois da revisão de 1962.

Esse sistema, com efeito, permite o funcionamento do regime parlamentar clássico sem muitas modificações: foi o que aconteceu até 1925, isto é, até a morte de Ebert. Com Hindenburg, sobretudo a partir de 1930, favoreceu a constituição de "governos presidenciais", que se apoiavam nos poderes próprios do presidente, por falta de um possível apoio no Reichstag.

Observe-se a importância do referendo no texto. De um lado, a possibilidade, para o presidente, de submeter ao povo um texto legislativo em caso de desacordo com o Reichstag; de outro, a possibilidade, para 1/10 dos eleitores, de formular um projeto de lei a submeter ao povo ou a faculdade de adiar a promulgação de uma lei se 1/3 do Reichstag e 1/20 dos eleitores o exigirem.

Em resumo, a Constituição criava uma democracia parlamentar à ocidental, com algumas particularidades. No entanto, não resolvia os problemas do federalismo, nem da Prússia. Os Conselhos de Operários desapareciam totalmente. Imputar a essa Constituição os erros da República de Weimar, como às vezes se faz, é um contra-senso. O sistema elaborado pecava talvez por excesso de perfeição, isto é, de complicação. Em condições normais, como de 1924 a 1929, prestou excelentes serviços. Nenhuma Constituição teria permitido superar situações de crise como a da Alemanha em 1930-1932. É a adesão que faz a força de um regime e a falta de adesão dos cidadãos foi certamente o maior mal de que sofreu Weimar.

Capítulo II

A Busca de uma Ordem Política e Social Através do Caos: Os Anos de Crise 1919-1923

Em Weimar, a Assembléia, apoiando-se numa maioria democrática e liberal, havia tentado oferecer à Alemanha os elementos de um regime político novo, de modo nenhum revolucionário. Mas uma coisa era elogiar a coligação de Weimar, moderada e realista, e outra era levar em conta a situação *real* do país. Política, econômica e socialmente, a situação era desastrosa.

Os primeiros anos da República de Weimar serão anos de crise. Crises políticas, crise econômica, crise financeira e monetária, tentativas de golpe (à direita, como à esquerda), separatismo renano e bávaro, vão sacudir a jovem República até o final do ano de 1923. Os acontecimentos se sucederão numa cadência louca e muitas vezes estão ligados inextricavelmente.

Vimos a situação na *Baviera*: aqui a Revolução sobreviveu, ais radical do que novembro, para desaparecer no início de maio de 1919. Em *Berlim*, na primavera de 1919, Noske quer eliminar totalmente a oposição operária. Aliando-se a von Lüttwitz, ele organizará uma nova repressão sangrenta contra uma greve, no começo de março. Durante essa repressão será assassinado Leo Jogiches[1] (10 de

---

1. Depois do desaparecimento de Rosa Luxemburgo e de Karl Liebknecht em janeiro, Leo Jogiches era o líder dos comunistas em mais evidência.

março). No total, tombarão várias centenas de operários. Uma repressão semelhante é organizada em algumas cidades: em Magdeburg, em Leipzig. Para Noske, a questão antes de tudo era extirpar o spartakismo que lhe parecia ser o maior perigo. Em alguns casos (principalmente na Saxônia), a situação se tornara de fato muito anárquica. Na maior parte das vezes tratava-se de motins, e não de verdadeiros movimentos revolucionários (como na Baviera, por exemplo), por vezes era um simples terrorismo de extrema-esquerda.

I. Os primeiros assaltos contra a República: 1919-1922

a) O Separatismo e os Plebiscitos

Durante os primeiros anos da República de Weimar, as tendências separatistas de alguns Estados constituirão um perigo permanente e gravíssimo. O *slogan* "Los von Berlin"*[2] foi então freqüentemente utilizado, por vezes com sucesso, para justificar essas tentativas.

Em 1919 já explode a crise na Renânia. Essa região, muito católica, havia "sofrido" particularmente com a sua integração à Prússia, dominada pelo protestantismo. As tendências particularistas eram aí bastante acentuadas logo depois do armistício. Por outro lado, parte dela estava ocupada então pelo exército francês. Alguns de seus comandantes (principalmente Foch e Mangin) propugnavam uma anexação pela França da margem esquerda do Reno, ou "ao menos" a criação de uma entidade separada da Alemanha. Em tais condições, Mangin, que comandava as tropas de ocupação, foi induzido a apoiar e encorajar os separatistas renanos e seu chefe Dorten[2], apesar da oposição do governo francês. Finalmente, Dorten proclamou uma República renana em 1º de junho de 1919. No entanto, essa primeira crise renana não durou e tudo voltou à ordem muito rapidamente. A crise voltará a produzir-se em 1923 com mais amplitude, somando-se às outras dificuldades do Reich.

* Em alemão no texto: "Separar de Berlim". (N. do T.)
2. Iremos encontrar interessantes pontos de vista sobre esse episódio na obra de Paul-Marie de la Gorce, *La République et son armée*, Fayard, 1963, pp. 195-237, Col. Les grandes études contemporaines.

No mesmo período, devemos acrescentar a agitação revolucionária na Baviera; dois elementos se mesclavam muito estreitamente: luta contra a Revolução e separatismo.

Com efeito, o regime novo que a Baviera implantou então entrou muito depressa em grave conflito com a autoridade central do Reich. Quando o Reich, cedendo à pressão dos Aliados, quis aplicar uma lei sobre a entrega das armas em poder dos particulares, a Baviera resistiu, recusando-se a desarmar as milícias que haviam sido armadas sobretudo para esmagar a Revolução. A crise estourou em agosto de 1920 e se prolongou até 1921. Uma nova crise vai rebentar quando, após o assassinato de Erzberger (26 de agosto de 1922), a Baviera se recusa a aplicar, em seu território, o decreto do presidente do Reich sobre a proteção da República: terá de ser negociado um acordo entre o Reich e a Baviera para superar essa violação da Constituição. No entanto, o Reich nunca chegará a usar a força para impor suas decisões, como o fará em outros casos, quando a resistência for oriunda dos meios de extrema-esquerda (outubro de 1923 na Saxônia e na Turíngia).

Em 1920 e 1921, por outro lado, foram realizados os diferentes plebiscitos previstos pelo Tratado de Versalhes para os territórios contestados.

No Schleswig, o plebiscito foi feito em duas etapas, em fevereiro e em março de 1920. O Norte se decidiu, em maioria, pela Dinamarca e o Sul pela Alemanha. A região de Eupen-Malmédy declarou-se pela Bélgica, mas nesse local a honestidade do escrutínio foi contestada. Em compensação, na Prússia Oriental, ele favoreceu a Alemanha.

As dificuldades viriam da Alta Silésia. De um lado, as relações entre o novo Estado polonês e a Alemanha eram tensas desde 1918. De outro, o plebiscito de 21 de março de 1921 vai desencadear as paixões. Os resultados (717.000 votos para a Alemanha e 420.000 para a Polônia) parecem favorecer a Alemanha. No entanto, é difícil demarcar uma fronteira, porque as populações estão muito misturadas. Explodem distúrbios, provocados primeiramente pelos poloneses que tentam ocupar a região à força. Os alemães, que não podem replicar com a Reichswehr*, utilizam os corpos-francos. Os combates durarão até junho. A Liga das Nações é que conseguirá impor uma fronteira em outubro de 1921.

---

* Literalmente, "defesa do Império". O exército de cem mil homens que o Tratado de Versalhes permitiu à Alemanha. (N.. do T.)

b) Os assaltos da direita (o golpe de Kapp)
A vitória burguesa nas eleições de 1920

Aproveitando-se da onda contra-revolucionária que sacode a Alemanha depois do aniquilamento dos spartakistas (e dos motins de 1921), a direita reacionária atacará o novo regime republicano de frente com uma violência que se acentuará cada vez mais.

Os primeiros ataques partirão dos meios parlamentares, isto é, essencialmente dos nacional-alemães, notavelmente dirigidos por um ex-ministro de Guilherme II: Helfferich. Provavelmente foi ele quem inspirou o teor do depoimento do antigo chefe do Estado-Maior do exército imperial, Hindenburg, perante a comissão de inquérito do Reichstag sobre as causas da derrota. Durante esse depoimento (18 de novembro de 1919), Hindenburg lançou a famosa teoria da "punhalada pelas costas" (Dolchstoss legende). O exército teria sido vencido somente porque o povo e os partidos políticos teriam traído na retaguarda. Hindenburg, no auge de sua glória, o vencedor de Tannenberg, melhor colocado do que ninguém para conhecer as verdadeiras causas da derrota, mentia conscientemente. Mas essa "teoria" teve um êxito fulminante, tanto mais que parecia visar principalmente a social-democracia que encarnava o novo regime, bem como homens como Erzberger, autor da resolução de paz de 1917 e signatário do acordo de armistício de Rethondes. Tudo é feito para desacreditar sistematicamente, na opinião pública, os homens do novo regime: os marxistas (era assim que se designavam os socialistas, porque a denominação bolcheviques estava reservada aos comunistas), os "criminosos de novembro", os republicanos.

Assim, Helfferich desencadeará, em dezembro de 1919, uma campanha inauditamente violenta contra Erzberger, ministro das Finanças do gabinete Bauer. Helfferich chega a questionar a sua integridade pessoal e sua capacidade política. Foi processado por difamação, processo que irá durar quase dois meses (janeiro-março de 1920). Irá apaixonar a opinião pública. A 26 de janeiro, Erzberger é vítima de uma tentativa de assassinato por parte de um jovem nacionalista. Finalmente, a 12 de março, o julgamento será um triunfo para Helfferich (apesar de sua condenação a uma pena de multa levíssima, de fato, o tribunal reconhecia o fundamento das acusações lançadas contra Erzberger) e será apresentado como uma vitória dos homens do Império contra os da República. Erzberger deverá retirar-se temporariamente da vida política[3].

3. Esse julgamento é igualmente característico da justiça alemã duran-

O julgamento realizou-se a 12 de março de 1920: às 6 horas da manhã de 13 de março explodia o golpe de Estado de Kapp. A proximidade dessas duas datas pode parecer simbólica, não passa talvez de uma coincidência, mas é significativa. Com efeito, tudo parece indicar que, nesse período, os adversários de direita da República se sentiam suficientemente fortes. O golpe não foi decidido às escondidas: traduz um descontentamento latente na nova Reichswehr durante todo o ano de 1919. Esse descontentamento, von Lüttwitz e Kapp (alto funcionário prussiano, totalmente desconhecido fora dos meios ultranacionalistas) tentam organizá-lo e induzir a Reichswehr a exercer uma ditadura militar. Com efeito, a Reichswehr está ameaçada. Primeiramente, pela redução das tropas fixada pelo Tratado de Versalhes; em seguida, pelas inquietações com os dispositivos do tratado que exigiam a extradição de alguns criminosos de guerra. Sobretudo, os corpos-francos (especialmente o do Báltico) começam a suscitar sérios problemas e se tornam os locais de agitação anti-republicana. Em 1920, a situação torna-se dramática para alguns corpos, ameaçados de supressão. Os aliados exigem principalmente a dissolução de duas brigadas, particularmente agitadas e nacionalistas (já usam a cruz gamada como emblema): as brigadas Erhardt, estacionadas na Silésia. Kapp, Ludendorff e Lüttwitz planejam um golpe que estoura a 13 de março: a brigada de marinha entra em Berlim e ocupa os ministérios. À noite, Noske, prevenido, pedira à Reichswehr que interviesse e von Seeckt, um dos comandantes do exército, se recusara, argumentando que "a Reichswehr não atira na Reichswehr". Kapp se proclamou chanceler enquanto o governo foge e se refugia em Dresden, depois em Stuttgart. No entanto, a população não o apóia; ao contrário, será organizada uma resistência operária e popular, que frustrará rapidamente o golpe. Rebenta uma greve geral e, em algumas horas, Berlim está totalmente paralisada. Quatro dias depois, o golpe se desfazia como uma bolha de sabão. A brigada de marinha se retirava. Todavia, em algumas cidades, houve exações: em Leipzig, em Munique etc. No total, serão quase trezentos mortos. No restabelecimento da ordem que se seguirá, Noske, o organizador da repressão antioperária, perderá seu posto, vítima da unidade que a classe operária então manifestava.

te a República de Weimar. Como o é igualmente a sentença de clemência escandalosa pronunciada, a 22 de fevereiro, contra o autor da tentativa de assassinato de Erzberger.

No entanto, o fracasso do golpe de Kapp não significa de modo nenhum uma vitória do regime. Muito ao contrário. As condições precisas em que o golpe terminou, a promoção de von Seeckt que recusara o apoio da Reichswehr para evitar o golpe, a anistia geral votada rapidamente, a recusa de uma reformulação completa da Reichswehr mais do que comprometida nas jornadas decisivas, o emprego de tropas sediciosas para esmagar movimentos operários, mostram muito bem as fraquezas, as hesitações, os compromissos da coligação de Weimar. Finalmente, como alguns historiadores escreveram, o único vencedor dessas batalhas será a Reichswehr, que, segundo tudo indica, sai reforçada porque sua autonomia no seio do regime é doravante fortemente assegurada. Os socialistas não quiseram ver nessas jornadas a possibilidade de uma ampla coalizão operária. Finalmente, em suas conseqüências mais diretas, o golpe de Kapp se voltará contra a coligação de Weimar: muito rapidamente, com efeito, procedeu-se a novas eleições. A Assembléia Nacional que ainda estava reunida se dissolveu e foi eleito o primeiro Reichstag.

As eleições se realizaram a 6 de junho de 1920. Foi um fracasso para a coligação de Weimar. Os democratas perdiam 29 cadeiras, os socialistas majoritários 51 e o Zentrum, 6. Os extremistas cresciam sensivelmente: os nacional-alemães ganhavam 22 cadeiras, os populistas 43, os socialistas independentes 59 e os comunistas, que não haviam apresentado candidatos em 1919, obtinham 4 cadeiras. Começava, assim, a radicalização das massas. Ressalte-se muito particularmente a dupla vantagem, à direita, dos nacional-alemães e *sobretudo* a dos populistas que progressivamente assumiram o lugar dos democratas. A pequena burguesia que havia confiado na República parecia retirar essa confiança menos de um ano depois. À esquerda, o sucesso dos independentes é flagrante. A coligação de Weimar estava morta. A SPD era a grande perdedora, condenada por todos: ela deixava o governo. Constituía-se uma nova coligação, sob a direção de Fehrenbach (Zentrum) e era formado um governo de coligação "burguesa", englobando os populistas. Ainda não haviam passado dois anos desde a Revolução de Novembro e três meses apenas desde a vitória sobre os golpistas.

A direita, portanto, não depõe as armas, ao contrário. Os anos de 1921 e 1922 serão o cenário de inúmeros atentados políticos, com o intuito de criar um clima de insegurança. Criam-se organizações de terrorismo na extrema-direita (a mais conhecida foi a OC, Organização Cônsul). Em 9 de junho de 1921 é assassinado Gareis, socialista independente, deputado ao Landtag da Baviera. A 24 de junho de 1922, o ministro dos Negócios Estrangeiros, Walter Rathenau, que dois meses antes assinara o acordo de Rapallo com a URSS, é assassinado em seguida a uma nova campanha desencadeada contra ele, especialmente por Helfferich. É adotada uma legislação para a proteção da República.

c) A contestação à esquerda

Se a República era ameaçada à direita, não o era menos à esquerda. A linha do Partido Comunista, ultra-esquerdizante, mudara um pouco em 1919, mas havia provocado uma cisão. De outro lado, no final de 1920, um importante segmento dos Independentes se fundira com o Partido Comunista, e outra facção se fundiu em 1922 com os socialistas majoritários.

Durante esse período turvo da República de Weimar, a cada ano quase permanentemente, desenvolvem-se movimentos operários. Às vezes simples revoltas, às vezes verdadeiras tentativas de golpe, às vezes ainda simples provocações policiais.

Primeiramente em 1920, logo depois do golpe de Kapp. Não ficou totalmente esclarecido se no Ruhr foi tentado um verdadeiro golpe. Mas a repressão foi impiedosa. Falou-se do "Exército Vermelho". Este "exército" havia ocupado várias cidades do Ruhr. Na Saxônia e na Turíngia, é Max Hölz, mais aventureiro que comunista, que aterroriza algumas regiões. A repressão lá também será terrível. Hölz conseguiu fugir.

O ano de 1921, sobretudo, será marcado por tentativas de revolução. Foi proclamada uma greve geral, mas fracassou. Na Alemanha Central travaram-se combates de grande envergadura. A situação estava particularmente tensa em Mansfeld, nas fábricas Leuna, onde os combates duraram vários dias. A 31 de março tudo estava terminado, Hölz será preso alguns meses mais tarde e severamente condenado. Era a derrocada do Partido Comunista Alemão.

O erro tático era evidente. Pesará demais. Embora o proletariado alemão não estivesse realmente maduro para a revolução (ou não o estivesse mais), esses movimentos repetidos acreditam cada vez mais na tese segundo a qual os comunistas querem derrubar o regime. Essa acusação, às vezes fundada, vai desempenhar um papel cada vez mais importante no curso da República. A direita a explorou consideravelmente e, dez anos mais tarde, desempenhará um papel não-desprezível na ascensão "legal" de Hitler ao poder.

d) Os reflexos da política externa até a ocupação do Ruhr

No período que se segue ao Tratado de Versalhes, o principal problema da política externa serão as indenizações. Esse problema importunará toda a República de Weimar, essencialmente por causa de seus reflexos econômicos, mas também por causa de seus reflexos sobre a vida política interna da Alemanha. A partir de 1922, a Alemanha tentará "construir" uma política exterior autônoma, contornando de alguma forma o Tratado de Versalhes e a golilha que ele lhe impunha: será a política de Rapallo, depois mais tarde a "grande" política de Stresemann.

Uma série de conferências internacionais se realizam a partir de 1919 (depois de Versalhes) para determinar o montante da dívida de indenizações alemãs e as modalidades de pagamento.

Ao problema das indenizações virá somar-se um segundo: o da ocupação de algumas partes da Alemanha (ocupação destinada a garantir o pagamento das indenizações: por exemplo, ocupação de Düsseldorf, Duisburg e Ruhrort a 15 de março de 1921). Finalmente, será colocado o problema do desarmamento (depois o do rearmamento) da Alemanha.

A primeira conferência, a de Spa (5-16 de julho de 1920), trata ao mesmo tempo do desarmamento e das indenizações. Fixa as porcentagens de indenizações que os diferentes países devem receber (França 52%, Império Britânico 22%, Itália 10%, Bélgica 8% etc.). Mas o verdadeiro problema, o do montante das indenizações, não foi solucionado. Será abordado na conferência de Londres (março de 1921). As cifras são eloqüentes: a Alemanha propõe 50 bilhões (na realidade 30, graças a certos abatimentos), de marcos-ouro. Os Aliados exigem finalmente 132 bilhões! É dado um ultimato à Alemanha. O chanceler Wirth que lhe sucede vai inaugurar com Rathenau a *Erfüllungspolitik* (política de pagamento).

Uma nova série de conferências começa com a de Cannes (janeiro de 1922). Nela a Alemanha delineia a sua nova política externa que vai desembocar em Locarno alguns anos mais tarde. Parece esboçar-se uma acalmia, especialmente nas relações franco-alemãs, mas Briand é derrubado e Poincaré lhe sucede (15 de janeiro de 1922). Poincaré, contrário à política das conferências e favorável à aplicação escrupulosa do Tratado de Versalhes, vai impedir o desenvolvimento dessa política de reaproximação que só será retomada anos mais tarde.

No mês de abril de 1922 realiza-se uma conferência em Gênova, para a qual a URSS é convidada pela primeira vez. Essa conferência não leva a nada mas, em seus bastidores, se desenvolve um encontro germano-soviético que vai terminar no acordo de Rapallo (16 de abril de 1922).

No detalhe, o acordo de Rapallo não é muito importante: seu dispositivo principal é a renúncia recíproca a qualquer indenização de guerra e a solução, na base da reciprocidade, dos problemas em suspenso. Mas o alcance político do acordo é fundamental. Os dois países estabelecem relações diplomáticas (interrompidas em 1918). O acordo tem o efeito de uma bomba nos meios diplomáticos. A Alemanha e a URSS, os dois "párias" na Europa do pósguerra, saem de seu isolamento e se mostram capazes de seguir uma política aberta fora da Entente. Por outro lado, Rapallo vai inaugurar igualmente uma ativa política de colaboração entre a Reichswehr e o Exército Vermelho, que durará muito tempo... Rathenau, signatário alemão desse tratado, judeu, pagará com a vida, dois meses mais tarde, essa política audaciosa.

Assim, no final de 1922, a situação da República de Weimar estava longe de ser estável. Talvez a República pudesse se recuperar, mas o ano de 1923 começará com uma trovoada que irá desencadear uma série de distúrbios sem medida comum com aqueles que a jovem República conhecera até então.

II. O ano terrível: 1923

a) A ocupação do Ruhr

A partir de novembro de 1922, o governo é presidido por W. Cuno, diretor de uma companhia marítima (a famosa HamburgAmerika). Os socialistas estão novamente na oposição. O novo governo inclui homens cuja assinatura "garante o desconto". É esse o espírito com que ele é formado.

Mal entra em funcionamento, choca-se no entanto, como seus antecessores, com o delicado problema das indenizações. Desde 1919, a Alemanha já havia pago vários bilhões de marcos-ouro. Mas, no final desse ano de 1922, ela parece sufocar. A inflação começa a assumir proporções perigosas. Poincaré, às voltas com dificuldades financeiras, não quer ceder nada. Em dezembro de 1922, ele constata, através da Comissão de Indenizações, que a Alemanha deixou de fornecer 200.000 postes telegráficos. No início de janeiro, a mesma Comissão verifica um atraso na entrega de carvão. Será o pretexto. Apesar da oposição dos ingleses e dos americanos, a 11 de janeiro de 1923, sob a alegação de proteger uma missão de engenheiros, a França e a Bélgica invadem o Ruhr.

O governo alemão se acha diante de uma situação nova, difícil de resolver no plano diplomático. Ordena a todos os funcionários que recusem obediência às autoridades de ocupação: é o início da famosa *resistência passiva*. Milhões de operários, de empregados entram em greve. A ocupação se torna mais dura. A região ocupada é separada do resto da Alemanha por uma barreira alfandegária. Acontecem inúmeras escaramuças, colocando frente a frente trabalhadores e forças de ocupação. Assim, a 31 de março, treze operários são mortos durante uma manifestação em que as tropas francesas abriram fogo. No final do mês de maio, um agitador alemão, Leo Schlageter, é fuzilado depois de haver sido julgado por uma corte marcial. Vários milhares de ferroviários são expulsos da zona de ocupação.

O governo Cuno, impotente e totalmente superado pelos acontecimentos, se dissipa e desaparece na indiferença geral, a 12 de agosto de 1923. O novo chanceler Gustav Stresemann (populista) vai formar um governo de grande coalizão (da SPD aos populistas). Quando ele assume o governo, a Alemanha se encontra à beira do precipício, político e econômico.

b) A inflação

A inflação já assumira proporções anormais em 1922. Assim, se no início do ano de 1922 o marco-papel ainda valia 1/200 do dólar, no final de 1922 não valia mais do que 1/10.000! No começo do ano de 1922, os preços haviam aumentado cerca de 70%, o que provocara um aumento dos salários (de apenas 60%).

No início do ano de 1923, eram precisos 18.000 marcos para adquirir um dólar. No final do mês de janeiro, já passa para 50.000. O Reichsbank conseguirá reduzir a taxa para 20.000 no final de fevereiro. A corrida recomeçará em abril. Em maio, passa para 50.000 marcos, em junho para 150.000. Em julho, a barreira do milhão será rapidamente ultrapassada: nos meados de agosto, 4 milhões; no final de setembro, 160 milhões. A barreira do bilhão será rapidamente superada. A partir de então, não há mais moeda corrente na Alemanha. Basta verificar os selos de correio da época, que exibem somas fantásticas que atingem às vezes vários bilhões.

As conseqüências dessa inflação são enormes. Primeiramente, no plano psicológico. Numa sociedade "evoluída", a moeda é um termo de referência. Ora, este desapareceu. Toda a sociedade parecia desmoronar. A confiança desaparece completamente. As conseqüências dessa inflação no plano psicológico serão incalculáveis. Serão precisos anos para voltar a restabelecer um mínimo de confiança na moeda e, finalmente, no regime político que permitira uma tal catástrofe.

No plano econômico e social, em seguida. Deve-se distinguir cuidadosamente aqui as conseqüências da má situação econômica e aquelas, mais precisamente, da inflação. A classe operária é tocada muito mais pela situação econômica. Nessa época já existe uma miséria operária, mas é preciso dizer que esta, na conjuntura, está ligada essencialmente ao desemprego. A inflação terá uma influência apenas passageira sobre a renda operária. Passada a crise, no final de novembro, as coisas voltarão ao seu normal.

Desse ponto de vista, a inflação tem conseqüências muito mais dramáticas sobre as pessoas de rendas fixas da pequena burguesia (arrendatários, pequenos proprietários, aposentados). Já se disse que essa parcela da pequena burguesia se proletarizou durante esse período: isso é certamente correto e contribuiu enormemente, mais tarde, para lançá-los nos braços do fascismo. Convém, no entanto, evitar cometer um grave erro de óptica. O pequeno poupador já estava arruinado muito antes dessa inflação "galopante". O poupador, que tivesse economizado 50.000 marcos em 1914, não possuía mais que 5.000 em 1920, 500 em 1922 e 20 no começo do ano de 1923. Certamente, em agosto de 1923, não lhe restavam mais que 0,005 pfennigs, mas isso na realidade não tinha mais qualquer importância[4].

No entanto, a inflação irá ter reflexos benéficos sobre certos meios (o que dá a pensar sobre as origens do movimento). As grandes empresas evidentemente conseguiram livrar-se bem depressa de suas dívidas, reduzidas a zero. Alguns grandes industriais puderam dessa forma multiplicar sua fortuna por dez: o exemplo típico é Hugo Stinnes.

c) A agitação de direita, a Baviera, Hitler

A ocupação do Ruhr teve uma conseqüência inesperada: a comissão de fiscalização do desarmamento alemão suspendera suas atividades. O general von Seeckt aproveitara-se disso imediatamente para mudar o máximo as proibições que incidiam sobre a Alemanha

---

4. Observações muito judiciosas a esse respeito em Helmut Heiber, *Die Republik von Weimar*, Deutschen Taschenbuch Verlag, nº 4003, pp. 98 e ss.

e é desse período, principalmente, que data a famosa Reichswehr negra, que funcionava na clandestinidade. Essa Reichswehr negra, na maior parte das vezes os antigos corpos-francos quase oficializados, tornou-se um perigo para a República. A 1º de outubro de 1923, o comandante dessa Reichswehr em Küstrin, o major Buchrucker (um nazista), tentou um golpe em direção a Berlim. O resultado foi lamentável, mas a Reichswehr negra foi dissolvida.

Mais graves eram os acontecimentos da Baviera que deviam terminar no golpe de Hitler (8 de novembro de 1923).

A 26 de setembro de 1923, Stresemann havia anunciado o fim da resistência passiva do Ruhr. Essa medida controvertida traria profundas repercussões políticas para o país.

A Baviera quis aproveitar-se disso para dar um golpe interno, que ela esperava poder estender-se rapidamente. A 26 de setembro, proclama o estado de exceção em seu território (violando as regras constitucionais) e investe von Kahr de poderes ditatoriais. O Reich proclama igualmente estado de exceção e confia poderes extraordinários ao ministro da Defesa: Gessler (e não a von Seeckt, o que desgostou o exército e os meios extremistas). A situação tornou-se bruscamente tensa alguns dias mais tarde. A Baviera se recusa a ceder ao Reich e quer investir as tropas federais estacionadas em seu território. O Reich se recusa a empregar a força armada contra a Baviera.

Nesse momento vai estourar o golpe de Hitler. Há dois anos, Hitler conseguira implantar solidamente seu Partido Nacional-Socialista na Baviera[5]. De fato, a NSDAP não existia praticamente como força organizada fora da Baviera. Mas em Munique, Hitler exerce há alguns meses um verdadeiro terror político. É mais do que tolerado pelo governo ultra-reacionário. O partido passara de 6.000 membros em 1921 para mais de 50.000 em 1923. Os SA já constituíam uma força suficientemente importante para apoiar um golpe (10.000 homens). No entanto, na crise bávara, Kahr recusa o apoio de Hitler de quem desconfia. Assim é que, a 8 de novembro à noite, Hitler intervirá para dissolver uma reunião pública onde o governo do Land explicava sua política. Hitler cerca a sala com nazistas e, depois de alguns instantes de conciliábulo com Kahr, anuncia a formação de um novo governo para todo o Reich, sob sua direção, incluindo também Ludendorff (que se aliara ao movimento planejado por Hitler), bem como Kahr e von Lossow. Mas

---

5. Sobre os primórdios do partido NSDAP, cf. a obra de W. Maser, *Naissance du parti national socialiste allemand*, Fayard, 1967.

na manhã seguinte tudo estava terminado: um desfile nazista acaba em troca de tiros, dezesseis nazistas são mortos. Hitler, ferido, foge (será preso e julgado algumas semanas mais tarde). A Baviera devia recuperar a calma bem depressa.

d) Os distúrbios provocados pelos comunistas

Depois da grande derrocada de março de 1921, o Partido Comunista havia procedido a uma ampla reformulação. Thaelmann se afirmava cada vez mais como líder incontestado, apesar de uma dupla oposição interna, uma esquerdizante, a outra mais "direitista".

A 28 de agosto, com base na lei sobre a proteção da República, o ministro do Interior do Land da Prússia ordenava a dissolução do Comitê Central dos Conselhos de Operários da grande Berlim. É surpreendente verificar e ressaltar, já nessa época, a diferença radical com que o governo do Reich reagia às manobras ultra-reacionárias da Baviera e às manobras comunistas.

Parece que durante os meses de julho e agosto de 1923 a direção do Partido Comunista havia pensado seriamente em organizar uma insurreição armada contra a República de Weimar, então quase sem forças. Embora os comunistas tenham negado muitas vezes essa preparação da "grande noite", no entanto a maneira pela qual o partido, em 1924, reconheceu o fracasso e o erro de 1923 leva a pensar que os preparativos estavam bastante adiantados no meio do verão de 1923 (cf., especialmente, a carta de Clara Zetkin ao IX Congresso do Partido Comunista em 1924).

A 10 de outubro havia-se formado, na Saxônia, um governo de coligação social-comunista. Nessa mesma data, aconteceu o mesmo fenômeno na Turíngia. Parece que, nos dois casos, ameaças muito graves haviam pesado sobre as tropas da Reichswehr estacionadas nos dois Estados. Não obstante, o governo burguês de Stresemann não "podia tolerar" a participação de comunistas no governo, em Dresden. Em 21 de outubro, com base no artigo 48 da Constituição, o governo do Reich nomeia um comissário para a Saxônia e a Reichswehr impõe à força a sua posse. O governo da Saxônia é destituído e lhe sucede um novo governo SPD em 1º de novembro. Na Turíngia, os acontecimentos serão mais ou menos análogos.

No entanto, o Partido Comunista tenta levantar a classe operária. Em Berlim, a manifestação de massa fracassa lamentavelmente. Em Hamburgo ocorrem choques sangrentos. Acontece uma verdadeira insurreição, organizada em condições duvidosas, uma vez que a direção do Partido Comunista não a havia aprovado unanimemente. Algumas centenas de operários lutarão contra as forças da ordem durante dois dias. A grande massa dos operários de Hamburgo não os apoiou. É novamente o fracasso.

Em 23 de novembro, o Partido Comunista é proibido no território do Reich (do mesmo modo, aliás, que o partido nazista) por von Seeckt que, no dia do golpe da cervejaria, recebera poderes excepcionais. A interdição do Partido Comunista será suspensa em 1º de março de 1924.

e) A nova crise do Separatismo

Aproveitando-se da crise do outono de 1923, novos movimentos separatistas vão surgir na região renana. Novamente são apoiados pelas tropas de ocupação.

Depois de algumas tentativas ainda tímidas em junho-julho de 1923, os separatistas, sempre estimulados por Dorten, vão, depois da suspensão da resistência passiva, tentar aproveitar-se da grande perturbação geral. Rebentam distúrbios em toda a região renana. A 30 de setembro, uma manifestação termina em tiros. A república renana é proclamada várias vezes em outubro. O general de Metz, que comandava a zona de ocupação do Palatinado, permite a proclamação de uma República do Palatinado, separada da Baviera (Spire a 12 de novembro).

Entretanto, parece que esses movimentos, pelo menos nessa época, estavam totalmente isolados das massas. A "resistência passiva" da população, o abandono dos movimentos separatistas pelas tropas de ocupação, alguns choques, porão fim a essas tentativas.

Nos meses de outubro e novembro de 1923, a República de Weimar podia parecer agonizante. Em toda a parte ruía o edifício penosamente construído em 1919. Na extrema-direita, como na extrema-esquerda, a menor fraqueza, a menor falha eram espreitadas para serem imediatamente exploradas. A economia, pelo menos exteriormente, parecia em má situação. No entanto, no espaço de alguns meses, a situação será restabelecida e a República de Weimar poderá inaugurar seus anos calmos. Ao contrário do que ocorrerá nove anos depois, a crise na verdade era menos profunda do que se afigurava. As forças econômicas não eram atingidas: ao contrário, saem reforçadas da inflação. É a grande diferença da crise que levará Hitler ao poder. No entanto, essa longa crise devia deixar marcas profundas na vida política alemã. O regime sai dela transformado. Pode-se dizer que ele está em *sursis*? Certamente, se pensarmos, por exemplo, nas "lições" que Hitler tirou de seu fracasso de novembro de 1923. Nunca mais, pelo menos em algumas camadas, o regime conseguirá ser aceito como podia sê-lo em 1920, por exemplo. A legitimidade da República burguesa devia ser reconquistada dia a dia.

Capítulo III

A Pseudo-estabilidade: 1924-1929

I. O restabelecimento provisório do regime (política interna)

a) A recuperação da situação econômica e monetária

É no tríplice plano monetário, financeiro e econômico que se pode julgar acerca da restauração quase espetacular da Alemanha.

A recuperação do marco: de fato, a grande crise, que para alguns assumiu aspectos apocalípticos, chegava ao fim em novembro de 1923. Terminada a resistência passiva que acabara por esvaziar os cofres do Estado (custava em média 30 milhões de marcos-ouro por dia), o governo de Stresemann se viu no dever de construir uma nova moeda. Não se tratava tão-somente de realizar uma simples troca de notas bancárias, era preciso, da parte do público, um mínimo de confiança na nova moeda que seria criada. A 15 de outubro instituía-se uma nova unidade: o Rentenmark, que, numa fase transitória, coexistiria com o antigo marco. A 15 de novembro, sendo Schacht comissário do Reich para a moeda, o dinheiro antigo era trocado pelo novo à taxa de 1 Rentenmark por 1.000 bilhões de marcos! Algum tempo depois, será criado o novo

Reichsmark que, a partir de 11 de outubro de 1924, substitui definitivamente todos os outros títulos. As antigas cédulas são desmonetizadas a 5 de junho de 1925.

As finanças, os capitais e os investimentos: durante a crise, não havia cessado de crescer um movimento de fuga dos capitais para o exterior. Aqui a situação será restabelecida muito rapidamente depois da adoção do Plano Dawes (terminado em 9 de abril de 1924). O Plano Dawes, combatido violentamente na Alemanha, mas afinal ratificado, soluciona o problema das indenizações. Suaviza um pouco a carga que pesa sobre os alemães, sobretudo racionaliza os pagamentos. Funcionará muito bem até a adoção de um novo plano (o Plano Young), em 1930. A Alemanha já pagara mais de 10 bilhões de marcos-ouro. Até 1930, com base no Plano Dawes, ainda pagará um pouco mais de 7 bilhões. Entretanto, o aspecto mais importante do Plano Dawes – que, segundo a expressão muito feliz do historiador alemão A. Rosenberg, fazia das indenizações um gigantesco negócio para as finanças americanas – é que ele permitiu a rápida retomada dos negócios alemães. Os Aliados haviam reconhecido que era necessário permitir e mesmo contribuir para o bom andamento da economia alemã. Logo, a Alemanha recebeu uma ajuda estrangeira de 800 bilhões de marcos-ouro. Mas, restabelecida a confiança, ela foi aquinhoada com novos empréstimos, de origem americana na maioria das vezes. Recebeu, assim, mais de 20 milhões de marcos de empréstimo, dos quais uma grande parte a curto prazo. Todavia, bem depressa, a partir de 1924, a Alemanha havia superado – provisoriamente – sua crise de capitais.

O dinamismo da economia: durante esses anos de estabilidade, a economia alemã fará progressos prodigiosos e ascenderá rapidamente aos primeiros postos da economia mundial. Modernização, racionalização, concentração serão as grandes características da economia alemã durante esses anos. As concentrações horizontais se sucederão às concentrações verticais da época de inflação. O movimento de cartelização se acelera: assim, por exemplo, surgem trustes famosos como Vereinigte Stahlwerke e I. G. Farben Industrie. Não se hesita em destruir fábricas que já não são rentáveis (mesmo na metalurgia). Naturalmente, a produtividade iria ressentir-se disso: em dois anos ela avançou de 15 para 40% de acordo com os ramos considerados. Mesmo os salários parecem tomar um surto novo e explicam a falta de combatividade da classe operária durante esse período. O desemprego, embora não desapareça, é nitidamente absorvido. O número de desempregados que recebiam auxílio, em torno de 700.000 em abril de 1924, cairá para 195.000

em julho de 1925. Voltará a subir para 2 milhões durante a recessão de 1926, para deter-se no teto de 650.000 antes do início da grande crise de 1929. Do ponto de vista econômico, os anos 1927-1928 serão considerados anos de prosperidade.

b) As ambigüidades da situação política e parlamentar

O governo Marx – de coalizão burguesa – que sucedera a Stresemann em novembro de 1923, é levado a dissolver o Reichstag. Novas eleições são realizadas em 4 de maio de 1924. Evidentemente, serão influenciados pelos acontecimentos que marcaram a República nesses dois anos, mas também, conjunturalmente, pela agitação contra o Plano Dawes organizada pela extrema-direita. A radicalização das massas parece acentuar-se: a direita ganha quase 3 milhões de votos. Os nazistas, que se apresentam pela primeira vez (aliados aos "racistas"), obtêm quase 2 milhões de votos e 32 cadeiras. A SPD perde mais cadeiras. Os comunistas conseguem 62 cadeiras para perto de 4 milhões de votos. Os grandes perdedores são o centro, assim como os moderados das duas alas. No entanto, a situação se restabelecerá um pouco em dezembro. Devido a um conflito em torno do Plano Dawes, novas eleições foram realizadas a 7 de dezembro de 1924. Com a estabilização da situação econômica e política, a radicalização recua: os nazistas perdem a metade de seus votos que retornam aos nacional-alemães (que farão parte do governo), os comunistas perdem mais de um milhão de sufrágios recuperados pela SPD. O novo governo Luther, formado em janeiro de 1925, será um governo de coligação burguesa e nacional (dos nacional-alemães aos democratas).

O ano de 1925 será marcado por um acontecimento político de grande importância, que demonstra bem a ambigüidade dessa estabilidade. Ebert, vítima de uma campanha caluniosa por parte da extrema-direita (o tribunal onde processará seu adversário por difamação irá reconhecer que seu papel durante uma greve em Berlim em 1918 constituía um ato de traição!), vítima também de reincidências de um escândalo político-financeiro (questão Barmat), morre a 28 de fevereiro de 1925. No primeiro turno que se realizou em 29 de março de 1925, todos os partidos apresentam candidato: o representante nacional-alemão (Jarres) está à frente com 38% dos votos. O candidato da SPD alcança 29%, o do Zentrum (Marx) obtém 14%, Thaelmann tem 7% para o Partido Comunista. O restante se distribui entre o candidato dos democratas (5%), o dos bávaros (3,7%) e Ludendorff (1%).

Para o segundo turno, os nacional-alemães, conscientes de terem atingido o máximo de sua votação com Jarres, pedem a Hindenburg que aceite representá-los. Os partidos do centro e a SPD se agrupam em torno de Marx. Thaelmann não se retira. Os resultados serão os seguintes:

Hindenburg .... 14.655.000 votos – 48,5%
Marx .... 13.751.000 votos – 45,2%
Thaelmann...................... 1.931.000 votos – 6,3%

Hindenburg, o antigo comandante do exército imperial, monarquista convicto, sucede a um homem do 9 de novembro de 1918. Por certo, pode-se dizer que os comunistas assumem uma responsabilidade nessa eleição: uma simples operação de adição basta para prová-lo. Seria, no entanto, um juízo um pouco apressado e que não levaria em conta as circunstâncias da época[1].

Hindenburg parece querer jogar o jogo da Constituição. Mas, em 1926, já tomava posição contra os projetos de desapropriar os bens dos antigos príncipes sem indenização. Hindenburg intervém na campanha e contribui para a rejeição do projeto submetido ao referendo pelos socialistas e pelos comunistas. Em maio de 1926, tenta por decreto presidencial impor as antigas cores imperiais ao lado das cores da República, nas embaixadas e consulados no exterior. O chanceler Luther que havia subscrito o decreto teve de voltar atrás, mas o decreto continuou em vigor!

A eleição de Hindenburg era, incontestavelmente, um fracasso do regime democrático e parlamentar, cujos efeitos se farão sentir alguns anos mais tarde.

Todavia, as eleições de 1928 iriam mostrar que, na ausência de graves acontecimentos econômicos que pudessem requestionar os próprios fundamentos da sociedade, existia no país uma maioria democrática. Os efeitos da "prosperidade" começam a aparecer. Os nazistas caem para quase nada (não conseguem mais que 2,6% dos votos e 12 cadeiras), mesmo os nacional-alemães perdem 30 cadeiras, os comunistas avançam ligeiramente (+ 1,6% e ganhos de 9 cadeiras). Os vencedores são os partidos da coligação de Weimar: a SPD ganha 21 cadeiras (tem agora 153), o Zentrum sempre aliado

---

1. No entanto, revelou-se que, na época, o Komintern havia recomendado a retirada de Thaelmann no segundo turno. Os dirigentes comunistas serão censurados por causa dessa "indisciplina".

aos católicos bávaros se mantém. Os democratas, que nunca mais recuperaram seus votos de 19 de janeiro de 1919, continuam fracos, mas são praticamente substituídos pelos populistas (a partir de 1920): contam com 45 deputados e sobretudo seu chefe, Stresemann, é o inamovível ministro dos Negócios Estrangeiros desde 1923. De novo é possível formar um governo dirigido por um socialista, presidido por Hermann Müller, apoiando-se numa maioria de 301 votos (teoricamente) no Reichstag (total de 491 votos). No entanto, será o último governo parlamentar da República de Weimar: dezoito meses depois dessas eleições explodia a crise econômica.

c) A Reichswehr e a República

A Reichswehr não será a última a tirar proveito da recuperação da República. Nesse período mais calmo, terá menos oportunidade de desempenhar um papel político, mas, principalmente a partir da eleição de Hindenburg, será objeto de uma solicitude particular por parte dos poderes públicos.

No plano político, ela continua sendo, mais ou menos como o exército francês após a derrota de 1871, o refúgio de todos os adversários do regime. A Reichswehr, como o exército dos primórdios da Terceira República, não serve à República, serve ao Estado. Como tal, sobretudo no Estado-Maior, ela aparece como a continuadora direta da grande tradição militar prussiana. Para modernizar-se, para fugir aos dispositivos impostos pelos Aliados, não hesitará em fazer acordos secretos com o Exército Vermelho, apesar de ser o foco do antibolchevismo militante.

A nova Reichswehr é, antes de tudo, obra do general von Seeckt que a dirigiu com uma autoridade incontestada de 1920 a 8 de outubro de 1926 (von Seeckt foi reformado compulsoriamente em conseqüência de pequeno escândalo: autorizara o filho mais velho do Kronprinz [príncipe herdeiro] a participar de uma manobra militar). Von Seeckt não era de modo nenhum um republicano. Por duas vezes pelo menos recusou-se categoricamente a usar o exército que comandava contra os elementos dessa mesma arma amotinados contra o regime (por ocasião do golpe de Kapp, no momento do golpe de Hitler e da tensão entre o Reich e a Baviera); seu *leitmotiv* foi o famoso "Reichswehr schiesst nicht auf Reichswehr" (a Reichswehr não atira na Reichswehr).

Mas von Seeckt soube transformar o novo exército num instrumento moderno. Hitler, depois de sua ascensão ao poder, terá apenas de prosseguir a obra começada. O desarmamento da Alemanha não passou de uma ficção. Mantida cuidadosamente enquanto a comissão aliada estava na Alemanha, foi esquecida no dia de sua partida (1927). No começo de 1928, o inamovível ministro da Defesa, Gessler, comprometido pela falência de uma companhia de filmes detida pelo exército, foi obrigado por sua vez a reformar. Hindenburg impõe seu antigo adjunto de 1918: o general Groener.

O orçamento da Reichswehr aumenta constantemente. Dobra de 1924 a 1928 e, além disso, as despesas declaradas não correspondem nem à metade das somas realmente gastas. Para contornar as proibições resultantes do Tratado de Versalhes, a Alemanha instalará fábricas no estrangeiro (Suécia, Espanha, URSS).

O exército vê com bons olhos alguns dos grupos paramilitares que ex-combatentes ou partidos políticos constituíram. Se a "Roterkämpferbund" (União dos Combatentes Vermelhos) comunista é proibida em 3 de maio de 1929 depois da manifestação de 1º de maio, o exército encoraja o Stahlhelm (Capacete de Aço, ligado aos nacional-alemães) que conta mais de 400.000 membros, da mesma forma que os SA de Hitler. O Reichsbanner (Estandarte do Império) da SPD, por seu lado, pretendeu ser o defensor da República.

II. "A Grande Política Externa" da República de Weimar (1924-1929): A Era Stresemann

O período de estabilização da República será também o período Stresemann, porque será dominado pelo ministro dos Negócios Estrangeiros que tentará e conseguirá, parcialmente, devolver à Alemanha o seu lugar no cenário diplomático.

Houve muitas vezes quem quisesse apresentar Stresemann como um pacifista, como o precursor – com Briand – da idéia européia. Nesses últimos anos, as idéias a esse respeito adquiriram uma certa precisão. Compreendeu-se melhor, ao que parece, o grande "propósito" de Stresemann. Devemos primeiramente recordar, de fato, que Stresemann não provinha de modo algum dos meios de esquerda. No tempo do Império, era deputado ao Reichstag pelo Partido Nacional-Liberal. Durante a guerra, mostra-se partidário da anexação. Não votará a resolução de paz de Reichstag de julho de 1917. Não votará nem pelo Tratado de Versalhes, nem pela Constituição de Weimar. Embora recuse a fusão com os nacional-alemães por causa da virulência anti-republicana desse partido, não assume uma posição muito clara contra o golpe de Kapp. Os populistas estão na oposição de 1921 a 1923. Depois da passagem de

Stresemann pela chancelaria, eles participarão sem hiato do governo até 1930, pois Stresemann será ministro dos Negócios Estrangeiros até sua morte (3 de outubro de 1929). Mas, embora Stresemann seja a personalidade mais conhecida de seu partido, terá até sua morte grandes dificuldades para se impor.

Na realidade, Stresemann, que pouco a pouco aderira à República, à medida que essa se tornava mais e mais conservadora e burguesa (os grandes anos foram sobretudo os anos de coligação burguesa), tudo fez *a princípio* para livrar a Alemanha da golilha política e mesmo militar que lhe impunha o Tratado de Versalhes. O fato de nessa ocasião ter sido levado a jogar uma carta pacifista e sobretudo européia (coroada pelo Prêmio Nobel da Paz obtido juntamente com Briand em 1927) não muda em nada os dados do problema. Ele julgara que, na Europa ferida do pós-guerra, seria a carta boa e os acontecimentos lhe darão parcialmente razão.

a) Do Plano Dawes a Locarno

No momento em que é instaurado o Plano Dawes (abril de 1924), Poincaré seguia uma política de estrita aplicação do Tratado de Versalhes, apesar do desacordo com os ingleses e da desaprovação americana. Mas, nas eleições francesas de 11 de maio de 1924, o cartel das esquerdas sai vitorioso: Poincaré deixa o governo e Herriot lhe sucede. Quando Poincaré retornar ao governo em julho de 1926, para formar um gabinete de união nacional, terá de manter Briand nos Negócios Estrangeiros e prosseguir a política externa de distensão do cartel das esquerdas.

O principal obstáculo à política ativa da Alemanha parecia portanto superado. A Grã-Bretanha, ao contrário, sob o impulso de seu embaixador em Berlim (D'Abernon), pratica uma política qualificada então de "germanófila".

Desde o fim da resistência passiva (setembro de 1923) as relações franco-alemãs vinham melhorando progressivamente. A indústria alemã fora a primeira a querer sair do ostracismo que lhe custava muito caro. Foi assinado um acordo com a "Missão Interaliada de Controle das Fábricas e das Minas" (Micum) que previa a retomada das entregas de carvão e de materiais diversos. Esse acordo funcionou corretamente até a entrada em vigor do Plano Dawes e favoreceu a retomada das relações num plano menos tenso.

Na conferência de Londres (agosto de 1924), as primeiras entrevistas já demonstram que parece superada a época do Diktat. Stresemann terá uma conversação separada com Herriot e obterá dele um acordo de princípio sobre a retirada das tropas francesas do Ruhr. Essa retirada deve acontecer, no mais tardar, no prazo de um ano e Dortmund, simbolicamente, deve ser evacuada imediatamente.

Na verdade, o Ruhr começará a ser evacuado a partir de 14 de julho de 1925.

Nesse ínterim, a 10 de outubro de 1924, são liberados os 800 milhões de marcos-ouro subscritos a favor da Alemanha dentro do Plano Dawes. O clima melhora cada vez mais.

Uma sombra no quadro: a 5 de janeiro de 1925, a Conferência dos Embaixadores, verificando que o desarmamento da Alemanha não progredira suficientemente, anuncia que a zona de Colônia não será liberada em 10 de janeiro. A emoção que essa decisão provocou será grande na Alemanha: decepção principalmente para Stresemann. Mas, indiretamente, essa medida vai conduzir aos acordos de Locarno, graças a uma manobra diplomática feita a esse respeito por Stresemann.

Em 9 de fevereiro de 1925, o governo alemão envia um memorando aos Aliados, propondo a conclusão de um acordo que previsse, além da garantia das fronteiras atuais da França e da Alemanha, um sistema que permitisse a solução pacífica das atuais diferenças. Esse texto, evidentemente, se inspira no recente Protocolo de Genebra – no quadro da Liga das Nações sobre o acerto pacífico das diferenças. Briand e Austen Chamberlain vão aprovar rapidamente essa idéia. Nesse entretempo, o clima melhora ainda mais: o Ruhr estará totalmente evacuado no final de agosto de 1925.

Realmente, a iniciativa que a Alemanha tomava em fevereiro de 1925 fora feita em pleno acordo com os ingleses. Aliás, o acordo proposto garantia apenas o *status quo* das fronteiras ocidentais da Alemanha. Sabe-se até que ponto os alemães haviam considerado uma injustiça para com eles o novo traçado de sua fronteira oriental. Nesse particular, as propostas de fevereiro se limitam a remeter – implicitamente aliás – para um desfecho pacífico. Depois de muitos preparativos, será convocada para Locarno uma conferência (reunindo a Alemanha, a Grã-Bretanha, a Itália, a França, a Bélgica, a Polônia e a Tchecoslováquia) que terminará, a 16 de outubro de 1925, com a assinatura de um acordo geral.

Por outro lado, dando prosseguimento à política de Rapallo e sobretudo acalmando as apreensões dos soviéticos, Tchitcherin é recebido em Berlim na véspera da partida de Stresemann para Locarno: é assinado um acordo comercial. Finalmente, aliás, será assinado um tratado com a URSS em Berlim, em 24 de abril de 1926.

Esse tratado, destinado a constituir Rapallo, atesta a coerência da política externa da Alemanha, mesmo que, no fundo, já nessa época, se afirme claramente uma "virada" ocidental.

b) Do ingresso na Liga das Nações ao Plano Young

Locarno era apenas uma etapa, mas uma etapa importante, indispensável para a total igualdade da Alemanha com as outras potências européias e mundiais.

Em 1926, será transposta uma nova etapa nesse sentido: o ingresso da Alemanha na Liga das Nações da qual sempre fora mantida afastada desde a sua criação. Esse ingresso devia fazer-se pela porta principal: potência de primeiro plano, a Alemanha só podia ter acesso à Liga das Nações com o posto de membro permanente do Conselho. É, aliás, essa exigência que impedirá que a Alemanha ingresse já em março de 1926. Com efeito, alguns Estados, entre os quais o Brasil, exigem obter ao mesmo tempo que a Alemanha a mesma condição. Explode uma pequena crise que durará até setembro do mesmo ano. Então, ela é admitida sem dificuldades e torna-se imediatamente membro permanente do Conselho.

A cerimônia de admissão da Alemanha foi um verdadeiro triunfo para a "dupla" Briand-Stresemann. Os discursos patéticos que foram pronunciados têm a marca da época, esperanças de paz, mas também e sobretudo mal-entendidos. Como se transformou num mal-entendido a famosa entrevista de Thoiry, perto de Genebra, a 17 de setembro de 1926. Briand e Stresemann, numa tarde, passaram em revista todos os problemas suspensos entre seus dois países. Foi elaborado um plano grandioso: em troca de uma ajuda financeira à França (que atravessava então uma grave crise financeira que alguns meses antes conduzira Poincaré de volta ao governo), essa se comprometeria a evacuar todos os territórios que ainda ocupava na Alemanha! Vê-se aliás, através dessa proposta, a que ponto a situação econômica da Alemanha melhorara nesses três anos. O comunicado que falava de uma "solução de conjunto" dos problemas fez sensação. Era evidente que Thoiry não representava apenas um mal-entendido, era mais, era um qüiproquó. Principalmente, Briand agira sozinho. Stresemann que já enxergava a supressão do artigo 231 do Tratado de Versalhes – supressão que nunca lhe saiu da cabeça – logo compreendeu o seu erro. Pouco tempo depois, a situação financeira da França foi restabelecida e não restava mais nada do famoso almoço de Thoiry.

Apesar de tudo, o ano de 1926 terminou em apoteose, pois a 10 de dezembro de 1926 Briand e Stresemann foram agraciados, conjuntamente, com o Prêmio Nobel da Paz.

Entretanto, depois desses sucessos, depois de Locarno que remonta a 1925, quase não houve mais evolução. O problema das indenizações não foi acertado (o Plano Dawes tinha o grande defeito de não indicar o número de anuidades a serem pagas pela Alemanha), correlativamente a Alemanha sempre continuava parcialmente ocupada. Aí estava um problema importante: para os Aliados, para a França principalmente, o problema das indenizações e o da ocupação eram duas coisas estreitamente ligadas. Era contra isso que os alemães se insurgiam vigorosamente, porque traduzia, certamente, uma sobrevivência fundamental do espírito de Versalhes.

O Pacto Briand-Kellog (agosto de 1928) que colocava a "guerra fora da lei" (do qual participa a Alemanha) permite um encontro entre Poincaré e Stresemann, dois homens que simbolizavam duas políticas contraditórias. A conversação quase não trouxe elementos novos.

Em 1928, é a Alemanha que, pela boca do chanceler Müller, vai solicitar a revisão do Plano Dawes. A Alemanha pede também a evacuação de todas as tropas (restam ainda 60.000 homens). Por outro lado, o agente do pagamento das indenizações, muito ligado aos meios financeiros americanos, Parker Gilbert, solicita igualmente a revisão do Plano Dawes.

Uma conferência de peritos, presidida por um americano, Young, se realiza em Paris de fevereiro a junho de 1929. A Alemanha é representada por Schacht nessa comissão (o que não acontecera por ocasião do estabelecimento do Plano Dawes). O acordo será alcançado depois de ásperas discussões, na base de 52 anuidades. Os pagamentos serão feitos por intermédio do Banco de Pagamentos Internacionais, criado para esse fim. O plano será assinado em 7 de junho de 1929. É rematado por uma série de acordos assinados em Haia, onde a França se comprometeu a evacuar rapidamente suas tropas: a 30 de junho de 1930 isso será feito. Subsiste apenas a obrigação de manter desmilitarizada a margem esquerda do Reno.

O Plano Young representa indiscutivelmente um grande êxito para a política de Stresemann. A posição da Alemanha, em 1929, é consideravelmente reforçada. No entanto, na Alemanha, o Plano Young é combatido pela extrema-direita que tentará submetê-lo a um referendo.

Stresemann morreu a 3 de outubro de 1929. Abria-se uma nova era: o *crash* de Wall Street interveio e o governo de grande coalizão presidido por Hermann Müller caía em 27 de março de 1930. Essa nova crise seria a última, em menos de três anos ela conduzirá Hitler à chancelaria.

Capítulo IV

A Permanência da Contestação Ideológica e Cultural

Qualquer que seja a época da República de Weimar em que nos coloquemos, a contestação será sempre profunda nas ideologias e, de maneira mais geral, nos meios intelectuais, *tanto à direita como à esquerda*. Jamais, qualquer que seja a forma que ela tenha assumido entre 1919 e 1933, a República conseguirá ser admitida nesses meios: ao contrário, não cessará de ser questionada e contestada, submetida a uma crítica constante e fundamental.

No entanto, deve-se reconhecer que dessa crítica permanente, nos meios políticos, culturais, artísticos, nasceu uma vida cultural de uma riqueza excepcional. Seja no teatro, no cinema, seja na arquitetura, na pintura, na literatura, os anos 20 serão anos de ouro (die goldenen zwanziger). O fervilhamento das idéias será de uma riqueza e de uma diversidade sem comparação com qualquer outro país durante o mesmo período.

I. A crítica ideológica de direita ou a irradiação do pensamento antidemocrático

Já em 1919 se haviam constituído alguns círculos políticos, agrupados muitas vezes em torno de um escritor (por exemplo, Stefan George cujo grupo adotara o emblema da cruz gamada, sem aliás se aproximar dos nazistas), ou de uma revista (por exemplo, o grupo da *Tat*). Não pretendemos, dentro de um capítulo, esgotar todos esses grupos cujo número foi muito elevado. Contentar-nos-emos em analisar apenas alguns, entre os mais importantes[1].

Entretanto, convém lembrar, antes de mais nada, que de maneira geral se houve *um meio* particularmente hostil à República e à idéia democrática, foi, de 1918 a 1933, o meio universitário. Principalmente, o mundo docente, mas também o mundo discente. O corpo docente sempre fora um dos centros da reação. Caracterizado por um anti-semitismo muito acentuado (mesmo na República um judeu teria muita dificuldade em conseguir uma cátedra), o corpo docente continuava preso aos valores mais tradicionais da Alemanha imperial.

O mundo discente não ficava atrás de seus mestres. Em 1918 fora nas universidades que Noske recrutara uma parte de seus corpos-francos. Os Burschenschaften*[2] continuavam sendo um foco reacionário. A partir de 1926, Baldur von Schirach criará a União dos Estudantes Nacional-Socialistas que não cessará de colher triunfos nas eleições estudantis.

a) O Nacional-Bolchevismo

Esse movimento do nacional-bolchevismo é profundamente característico de uma época marcada pela revolução bolchevique e que procura conciliar as velhas tradições nacionalistas com a revolução operária.

De fato, não será um partido político constituído na forma, mas grupos de intelectuais, de políticos, centrados em torno de algumas revistas. Esses Linke Leute von Rechts (homens de esquerda da direita), como um jornalista os denominou então, não haviam contribuído para mudar o curso dos acontecimentos, mas estão profundamente ancorados em sua época[2].

---

1. Uma boa visão de conjunto é dada pela obra do professor Kurt Son-theimer, *Antidemokratisches Denken in der Weimarer Republik*, München, 1962.
 * Associações de Estudantes. (N. do T.)
2. Estudo muito bom de autoria de Otto-Ernst Schüddekopf, *Linke Leute von Rechts*, Stuttgart, 1960, que se pode completar com um ensaio consagrado ao nacional-bolchevismo por um dos antigos líderes desse movimento: Karl O. Paetel, *Versuchung oder Chance*, Goettingen, 1965.

O conceito de nacional-bolchevismo designa, na realidade, elementos extremamente disparatados que têm em comum apenas uma certa atração pelo bolchevismo soviético. Aliás, a origem dos principais defensores dessa tendência revela muito bem o caráter ambíguo do nacional-bolchevismo. Uns vinham dos meios de extrema-esquerda, os outros, ao contrário, dos meios de extrema-direita. Não haveria nada de mais falacioso, no entanto, que ver elementos de convergência entre o que se chamaria, por exemplo, ala "nacionalista" dos comunistas, e a ala esquerdizante da direita nacionalista. Certamente, poder-se-ia, num plano puramente intelectual, ver uma aproximação, especialmente nos anos de 1931-1932, quando o Partido Comunista acentuará o lado nacional (cf. o programa eleitoral de 1930, "para a libertação *nacional* e social da Alemanha"). Foi mais ou menos nessa época que um dos irmãos Strasser, Otto, que já havia rompido com Hitler, criou a Schwarze Front (Frente Negra). No entanto, entre as duas tendências continuam a subsistir diferenças irredutíveis. Não se trata apenas da importância dada respectivamente em cada um dos campos ao nacionalismo e ao socialismo: está em causa toda uma Weltanschauung (visão de mundo), que cria um fosso intransponível entre as duas margens.

Um dos representantes mais eminentes do nacional-bolchevismo, Ernst Niekisch, havia desempenhado um papel de primeira linha na revolução da Baviera. Da mesma forma, as tendências do comunismo "nacional", particularmente em Hamburgo, tiveram um papel importante nos primeiros anos.

Assim, inúmeras tentativas foram feitas para aproximar os dois campos. Polêmicas enchiam as colunas da imprensa escrita, mas os resultados nunca foram probatórios. Havia apenas um ponto de acordo: a hostilidade ao regime de Weimar.

b) Os novos nacionalismos

Alguns grupos nacionalistas já existiam antes de Weimar. O mais conhecido deles era o Alldeutscher Verband (Liga Pangermanista). Mas, depois de 1919, vão surgir novos grupos que expressam uma nova forma de nacionalismo, às vezes com pretensão intelectual, outras vezes simples grupos de reivindicação expansionista e racista (völkische Bünde, uniões populares). Esses grupos eram muito numerosos, muito diversificados, implantados através de toda a Alemanha. Em cada cidadezinha coexistiam seções de inúmeros grupos "patrióticos". A influência desses grupos na vida local sempre foi importante; neles estão muito bem representados os notáveis, de tal forma que, muitíssimas vezes, a vida política local se desenvolve em torno deles. À esquerda, a SPD é a única que consegue implantar-se com tantas solidez que eventualmente pode servir de contrapeso. Com efeito, os comunistas só se implantaram nas regiões industriais e quase que exclusivamente nos centros urbanos.

Muito freqüentemente, tais grupos patrióticos se acham mais ou menos ligados aos nacional-alemães. Somente depois de 1929 é que os nazistas conseguirão substituir os nacional-alemães: mas existe uma diferença profunda entre o recrutamento, a propaganda e toda a atividade dos nazistas e dos antigos grupos nacionalistas; os nazistas colocarão a ênfase na massa. Não se tratará mais de grupos de "quadro"[3].

Em certos meios, no entanto, já em 1919 se desenvolvera um novo nacionalismo, depois, com o passar do tempo, mesmo após o aparecimento e os primeiros sucessos do nazismo, à margem desse.

É o caso, antes de mais nada, de homens como Oswald Spengler ou Moeller van den Bruck, que desenvolvem suas idéias antidemocráticas e antiparlamentares. Em 1923, aparece a primeira edição do livro de Moeller van den Bruck: *O Terceiro Reich*. Em torno desse autor forma-se um grupo denominado Juniklub (Clube de Junho).

Os movimentos usarão nomes evocadores: como, por exemplo, a "revolução conservadora" cujo porta-voz é Moeller van den Bruck, que insiste naquilo que o separa do nacionalismo clássico. Essa revolução conservadora, que terá seu apogeu entre 1928 e 1930, pouco depois dos governos ultraburgueses da República, se apresenta como um movimento contra-revolucionário.

Ernst Jünger animará um grupo de "nacionalistas revolucionários". O gosto pela violência é mais acentuado. A experiência da guerra marcou profundamente essa geração. Alguns participaram dos corpos-francos ou mesmo de assassinatos políticos, como o escritor Ernst von Salomon, que foi um dos assassinos de Rathenau.

O Jungdeutscher Orden (Ordem Jovem Alemã), em torno do "grão-mestre" Arthur Mahraun, representa uma experiência ainda mais original. Embora retome todos os temas da direita: exaltação da comunidade nacional etc., revela um ódio do capitalismo e da plutocracia. A Ordem terá uma base místico-religiosa, embora tenha

---

3. Cf., a esse respeito, os desenvolvimentos de Arthur Rosenberg (não confundir com o ideólogo nazista) in "Faschismus und Kapitalismus", *Theorien über die sozialen Ursprünge und die Funktion des Faschismus*, por O. Bauer, H. Marcuse e A. Rosenberg, Frankfurt-Viena, 1967 (especialmente as pp. 74-141: "Der Faschismus als Massenbewegung").

concepções mais concretas sobre a política interna. Foi possível falar até de "revolução do centro". Contará mais de 40.000 membros, mas terá uma audiência muito mais ampla. Principalmente em 1930, quando o perigo nazista se torna mais preciso, um pouco antes das eleições de 14 de setembro, ele tentará lanar-se na política ativa. Fundir-se-á com o Partido Democrata na época em plena falência, para fundar a Staatspartei (Partido do Estado). A questão é salvar o regime, para em seguida renová-lo a partir do seu interior. Nesse sentido, no movimento geral de radicalização, pode-se dizer que se trata de uma radicalização do centro. Será um fracasso. Especialmente no que se refere a um problema particularmente agitado na Alemanha desde a ascensão de Hitler: o anti-semitismo. O Jungdo não era sistematicamente anti-semita, mas estava atado por sua clientela. Ora, o partido democrático era tradicionalmente o partido da burguesia judaica. Pouco após as eleições (que serão um fracasso), ocorrerá a ruptura.

II. Uma crítica ideológica de esquerda: a Weltbühne

Uma tentativa interessante é constituída pelo movimento que nasce em torno de uma revista semanal: a *Weltbühne*[4]. No plano puramente político, a *Weltbühne* não representará uma força considerável, mas, por sua irradiação, pela qualidade e pelo nível da revista, ela atrairá e agrupará em torno de si uma elite intelectual de primeiríssimo nível.

A *Weltbühne*, criada e dirigida até sua morte (1926) por Siegfried Jacobsohn, nascera em 1905, com o nome de *Schaubühne*. Ocupava-se então apenas de crítica teatral[5]. Mas, em 1914, começou a se interessar pela vida política. Em 1918, mudou de nome e passou a chamar-se *Weltbühne*.

A *Weltbühne* pode ser considerada a revista dos intelectuais de esquerda na República de Weimar. De altíssimo nível cultural, literário, artístico, não cessou de denunciar os perigos que corria a República. Contrária ao rearmamento, no final teve mesmo sério aborrecimentos com os governos de direita, Brüning, von Papen e

---

4. Sobre a *Weltbühne*, cf. a obra de Alf Enseling, *Die Weltbühne, Organ der Intellektuellen Linken*, Münster, 1962.
5. Convém lembrar que o teatro sempre ocupou, na Alemanha, um lugar muito importante, especialmente no plano político.

Schleicher. Em conseqüência de grande processo, Carl von Ossietzky, seu diretor, foi condenado e preso por atentado à segurança do Estado. Mais tarde, Hitler o jogará de novo na prisão. Ganhou o Prêmio Nobel da Paz e não pôde comparecer à cerimônia de entrega. Morreu pouco tempo depois, minado pelos anos de prisão e pelo campo de concentração.

Antes de mais nada, a *Weltbühne* era pacifista e contrária ao nacionalismo militarista tradicional. As tiradas do seu mais famoso jornalista, Tucholsky, serão de uma dureza sem igual e ainda são célebres hoje em dia[6].

A partir de 1930, a *Weltbühne* igualmente se tornará cada vez mais crítica com relação aos comunistas cujo dogmatismo ela denuncia. Até a União Soviética é condenada.

A influência da *Weltbühne* ultrapassou amplamente o círculo de seus leitores (tiragem 13.000). A *Weltbühne* foi uma das revistas mais lidas num determinado meio intelectual; era um dos alvos favoritos dos meios nacionalistas que denunciavam o seu caráter cosmopolita e "judaizado".

III. O desenvolvimento cultural e a contestação da sociedade moderna

A vida intelectual da República de Weimar foi de uma riqueza excepcional. Em inúmeros setores, Weimar constituiu uma verdadeira vanguarda.

a) O cinema

É certamente o cinema a mais conhecida de todas as produções artísticas da época. O expressionismo o caracteriza. Mas esse expressionismo deve ser cotejado com a época. O expressionismo no cinema nasceu no período de anarquia da República[7], ntre 1919 e

---

6. Cf. de Tucholsky, *Deutschland, Deutschland über alles*, 1929, reedição fotomecânica Rowohlt Verlag, 1964. *Ausgewaehlte Werke*, Rowohlt, 1965, 2 vols.

7. No entanto, já antes da guerra, alguns filmes anunciavam o expressionismo, especialmente *O Estudante de Praga*, de Stellan Rye (1913); *O Golem*, de P. Wegener e H. Galeen (1914). Para uma boa visão de conjunto do cinema alemão da época weimariana, cf. de Lotte H. Eisner, *L'écran démoniaque*, Eric Losfeld, 1965.

1923. O primeiro grande filme expressionista será *O Gabinete do Doutor Caligari*, de Robert Wiene (1919). No desastre por que passara a Alemanha, no desmoronamento dos valores seculares, Wiene vai mergulhar o espectador num cinema cujo limite é o filme de horror, re-encontrando por aí a velha tradição das lendas alemãs. Aliás, o horror deve representar uma das tendências desse cinema, com obras como *Nosferatu, o Vampiro*, de Murnau (1922), *Doutor Mabuse*, de Fritz Lang (1922).

Esse cinema expressa, da maneira mais profunda, a confusão do indivíduo, especialmente nessa época, 1923, em que toda a sociedade parecia desmoronar. Paralelamente, desenvolve-se a técnica do manejo das multidões, cujo vínculo com os movimentos da época é transparente. Essa técnica corre paralela ao questionamento do maquinismo: *Metropolis*, de Fritz Lang (1926), é totalmente característico a esse respeito.

Pode-se dizer que esse cinema atingiu uma forma perfeita, mas a introdução do cinema falado devia transformar completamente os caracteres dessa escola. Mais algumas obras-primas e será o fim, coincidindo aliás com a ascensão de Hitler. Mas alguns desses filmes são típicos. Assim, *O Anjo Azul* de Joseph von Sternberg (1930), extraído de um romance de Heinrich Mann (*Professor Unrat*), da mesma forma o filme que Pabst realiza, em 1931, a partir da *Ópera de Quatro Vinténs* (*Dreigroschenoper*). *M. o Maldito*, de Fritz Lang (1931), representa uma obra-prima em seu gênero, que traduz magnificamente o clima de terror, de angústia, de suspeição por que passa a Alemanha desde o início da crise. Do mesmo veio é *Maedchen in Uniform*, de L. Sagan (1931).

b) O teatro

Em todos os tempos, o teatro desempenhou um papel extremamente importante na vida intelectual, social e política da Alemanha.

Antes da guerra de 1914-1918, o teatro alemão fora profundamente renovado por Strindberg e Ibsen. De intemporal, passou a inserir-se cada vez mais no quotidiano. Mas, depois da guerra, ele se orientará para duas direções bastante diferentes: de um lado, o expressionismo e, de outro, o teatro puramente político. Mas uma primeira revolução conquistara o conjunto do teatro: a da *mise-en-scène*, com Max Reinhardt, que domina o teatro alemão antes e depois da guerra; somente Piscator e seu teatro popular questionarão os cânones de Reinhardt.

O teatro expressionista é dominado por dois autores: Georg Kaiser e Fritz von Unruh. É neles que se encontra a marca de Strindberg. Em Kaiser, *O Mundo Enlouquecido* (*Die Welt war verrückt*) se expressa num certo número de dramas, dos quais o mais conhecido é *Gás*. Essa peça é totalmente dominada pelas fábricas e pela servidão do homem.

Em Fritz von Unruh, a guerra é que está no segundo plano. O ex-oficial vai denunciar a guerra e a autoridade; bem cedo ele chamará a atenção contra o nacionalismo renascente.

A segunda direção que tomará o teatro será a do teatro político. Era então uma novidade, quase uma revolução. Não se ignorava o teatro engajado, mas o teatro única e exclusivamente político constituía uma verdadeira revolução. Os três nomes que vão dominar essa tentativa na época são os de Ernst Toller (autor), Erwin Piscator (diretor) e Bertolt Brecht.

Erwin Piscator será o verdadeiro teórico do teatro político[8]. Grandes inovações são introduzidas: na escolha dos assuntos (revolucionários), na técnica (projeção de filmes de atualidades para condicionar a platéia). A participação do público torna-se um dos objetivos principais desse teatro proletário. Um dos maiores sucessos será a peça de Ernst Toller: *Hop la wir leben!* (*Oba Nós Vivemos!*), encenada por Erwin Piscator[9].

Ernst Toller era duplamente conhecido na Alemanha. Por sua obra teatral (especialmente *Masse Mensch*, 1920, e *Die Maschinenstürmer*, 1922), mas também por sua participação política, principalmente na República dos Conselhos da Baviera. Essa atividade política lhe valera cinco anos de prisão[10].

Sua peça *Hop la wir leben!* foi um dos maiores sucessos de teatro da época.

É quando Brecht começará suas grandes peças cujo apogeu – na época – é a famosa *Dreigroschenoper* (1928). Depois, será a vez de *Mahagonny* (1929), *Die heilige Johanna der Schlachthoefe* (*Santa Joana dos Matadouros*), de 1930, que trata da situação dos operários dos matadouros de Chicago.

---

8. Cf. Erwin Piscator, *Le Théatre politique*, L'Arche, 1962.

9. Publicada por Éditeurs français réunis, 1966. Temos de esperar 1966 para que essa peça seja encenada na França (pelo teatro Gérard-Philippe de Saint-Denis).

10. Serão lidas com proveito as memórias de Ernst Toller sobre esse período, *Eine Jugend in Deutschland*, Roro Taschenbuch 583, 1963.

c) A arquitetura[11]

Weimar assistiu ao nascimento da arquitetura moderna. O movimento Bauhaus é o mais característico, *embora não tenha sido dedicado exclusivamente* à arquitetura.

Henry van de Velde será o primeiro iniciador. Antes de 1914, Henry van de Velde era diretor, em Weimar, de duas escolas, a Kunstgewerbeschule e a Hochschule für bildende Kunst (Escola das Artes Aplicadas e Escola Superior de Artes Plásticas). Ele emergia como um dos pioneiros do "funcionalismo", que procura revelar na arquitetura o processo de fabricação e rejeita o ornamento.

Depois da guerra, em 1919, seguindo os conselhos de van de Velde, Gropius é nomeado diretor das duas escolas com plenos poderes. Ele reúne as duas numa só para indicar que arte e técnica devem ser ensinadas simultaneamente. A escola passa a denominar-se Das staatliche Bauhaus Weimar. Nela se ensinam os ofícios de arte, mas também se criam protótipos para a produção em série (estética industrial).

A escola é criticada em Weimar, por ser "socialista". É errado, pelo menos no sentido político. Mas é certo que a idéia de que a arte não é o resultado dos trabalhos de um gênio isolado, inspirado, que trabalha para uma elite ou de que não existe uma essência do Belo, podia chocar a burguesia da época marcada pela estética de Ruskin.

A Bauhaus foi fechada pelos nazistas em 1933.

O programa da Bauhaus incluía dois ensinamentos (para cada matéria): Werklehre (técnicas, materiais etc.) e Formlehre (desenho, estética...).

Seus professores mais famosos foram Johannes Itten, Paul Klee, Wassily Kandinsky, Moholy-Nagy. Klee e Kandinsky realizaram pesquisas teóricas quando se achavam na Bauhaus. A maior parte dos escritos de Klee datam dessa época.

---

11. Devemos reportar-nos às seguintes obras: Hans Maria Wingler, *Das Bauhaus*, 1919-1933 (Weimar, Dessau, Berlin), Köln, 1962. Trata-se de uma coletânea de documentos, fragmentos de cursos proferidos na Bauhaus, de reproduções. Walter Gropius, *Idee und Aufbaudes Staatlichen Bauhauses*, Weimar e München, 1923. *Neue Arbeiten der Bauhaus-werkstätten*, Weimar, 1925. Herbert Bayer, Walter Gropius e Ise Gropius, *Bauhaus*, 1919-1928, New York, 1938 e Stuttgart, 1955.

Capítulo V

Retorno Progressivo ao Caos e Morte da República de Weimar (1930-1933)

Não é possível transformar a grande crise econômica, que começa com o *crash* de Wall Street, na causa única e exclusiva da rápida ascensão de Hitler e de sua subida "legal" ao poder, menos de cinco anos depois das eleições em que seu movimento obtivera apenas 2,7% dos votos. Seria preciso, evidentemente, que, tanto no plano político quanto no econômico, a crise encontrasse na Alemanha um terreno particularmente favorável. Nesses dois planos, com efeito, a estabilidade e a prosperidade que haviam sido o apanágio dos anos 1924-1928 tinham sido, afinal das contas, apenas aparentes. Mais precisamente, dir-se-á que se tratava de uma estabilidade e de uma prosperidade "superficiais"; nenhum dos verdadeiros problemas da Alemanha fôra resolvido. *A posteriori*, pode-se afirmar que esses anos representaram apenas uma pausa. Apesar de todos os seus esforços, os republicanos, de tendência democrático-burguesa, que representavam, *grosso modo*, a ideologia de Weimar e que, portanto, haviam inspirado o regime, não haviam conseguido impor o regime novo. Se, como disse Th. Eschenburg, a democracia fora "improvisada"[1] em 1919-1920, teria sido preciso consagrar os anos

1. Cf. Th. Eschenburg, *Die improvisierte Demokratie*, Piper München, 1963.

de mora a assentar mais solidamente o regime nas massas. Era necessário um esforço econômico particular, assim como teria sido necessário fazer a economia alemã repousar em bases sadias. Em vez disso, constantemente, os homens de Weimar, durante os anos em que isso foi possível, preferiram as soluções de facilidade.

Facilidade política, quando não hesitavam em formar governos de coalizão burguesa, totalmente isolados das forças vivas do país, que se apoiavam muito mais senão exclusivamente na grande burguesia capitalista, da qual, muito oficialmente, alguns dos grandes políticos de Weimar eram os mandatários[2]. *Facilidade econômica*, em seguida: o afluxo dos capitais estrangeiros permite, sem contestação, um desenvolvimento econômico rápido e espetacular, mas ele necessitava, pelas suas próprias origens, de maiores investimentos, que no fundo se alimentassem de sua própria substância.

Assim, na realidade, a crise que começa no plano econômico, com o *crash* de Wall Street, e no plano político a 27 de março com a queda do gabinete de grande coalizão do chanceler Hermann Müller, e que devia acarretar a morte da primeira república alemã, já se desenhava em 1928 e nos primeiros meses de 1929.

a) Os primeiros sintomas da crise econômica e social

Na realidade, a prosperidade não pode ter durado mais que um ano: 1927 (no entanto, com um pouco mais de 500.000 desempregados). Já em 1928 tem início uma recessão, que, aliás, não é específica da Alemanha (domina especialmente a Austrália, a Bulgária, a Bolívia). As finanças do Estado passam por dificuldades sérias desde o final de 1927. No caso das grandes comunas e dos Länder, o endividamento tomou proporções consideráveis.

O déficit da balança de pagamentos do Reich não parou de crescer: 4 bilhões em 1925, 4,5 bilhões em 1927. A diferença sempre será saldada com empréstimos externos, dos quais a maior parte será constituída de capitais a curto prazo.

---

2. É o caso de Stresemann que fora mesmo um dos dirigentes dos sindicatos patronais alemães antes de 1914. É também o caso de Hugo Stinnes, de Alfred Hugenberg e outros. Quanto a Hindenburg, depois do "presente" que lhe deram os agrários em 1926 (uma grande propriedade na Prússia Oriental), tornou-se, a partir de 1930, seu porta-voz quase oficial. Cinco dias antes da nomeação de Hitler para a chancelaria, o Reichstag anunciava a criação de uma comissão de inquérito para investigar uma vasta fraude na ajuda à agricultura, da qual o próprio Hindenburg teria tirado proveito ou seus vizinhos e amigos.

Um grave conflito social sacode a Alemanha em outubro de 1928. Um pedido de aumento de salários vai provocar o *lockout* para mais de 200.000 operários do Ruhr, a partir de 1º de novembro de 1928. O conflito caracteriza a nova tendência que domina os patrões alemães – esses, com efeito, recusaram atender à sentença de arbitramento por julgarem demasiado favorável aos sindicatos. Como se vê, o patronato se organiza e, para impor sua política, não hesita mais diante das medidas de força. Um segundo arbitramento, proferido pelo ministro do Interior, Severing (SPD), é mais favorável ao patronato que, incontestavelmente, obteve uma vitória.

Ao mesmo tempo, o desemprego cresce regularmente. A 16 de julho de 1927, data da votação da lei de auxílio aos desempregados, o número total não excedia 800.000. O inverno de 1928-29 foi particularmente rigoroso: em abril de 1929, ou seja, *seis meses antes da crise*, existem 2,3 milhões de desempregados.

b) A radicalização da vida política

Apesar da aparente prosperidade, na verdade os partidos e diversos grupos políticos, principalmente os situados nas duas alas, operaram uma profunda transformação interna ou desviaram nitidamente sua linha política para um sentido mais radical.

À esquerda, está o Partido Comunista que, desde 1928, adotou a linha ultra-esquerdizante que será a sua em toda a parte, até a Frente Popular, em 1935-36. A palavra de ordem, evidentemente, vem do Komintern. Stalin começa a sua campanha contra os kulaks (camponeses ricos). Toda e qualquer aliança com os social-democratas é severamente proscrita. Ao contrário, tudo ocorre como se doravante, o adversário a combater fosse a SPD que constitui "o mais seguro precursor do fascismo". O episódio do 1º de maio de 1929 é significativo, quando o Partido Comunista teimou em desconsiderar a proibição de manifestações nas ruas e tentou a todo custo afastar-se dos socialistas: um confronto era previsível e, aliás, estava previsto; custará 25 mortos. Em suma, é a tática classe contra classe, que é então praticada simultaneamente na França, com a mesma agudeza e os mesmos resultados. Com uma diferença: é que na França, depois do fracasso de tal tática na Alemanha, foi possível rapidamente tirar as lições...

À direita, a radicalização assume outras formas. Primeiro, é o Partido Nacional-Alemão que, depois da derrota nas eleições de maio de 1928, tentará encontrar uma linha nova. Esta vai-se traduzir na escolha de Alfred Hugenberg para chefe do partido, um grande magnata da imprensa e do cinema, com idéias monarquistas e reacionárias muito acentuadas. De fato, um ano apenas depois de sua eleição, Hugenberg celebrará um acordo tático com Hitler para uma grande campanha nacional (com pedido de plebiscito) contra o Plano Young. A velha direita alemã, que até então sempre tratara Hitler como demagogo e plebeu, não hesitava mais portanto em aliar-se com um agitador. Embora tenha sido um fracasso, porque reuniu menos de um quarto dos sufrágios necessários, esse plebiscito, no entanto, terá apresentado consideravelmente a atmosfera política.

O Stahlhelm também sofreu uma profunda mutação. Criado, em 1918, como associação de ex-combatentes, no início se havia acantonado nesse papel e nomeara Hindenburg seu membro de honra. Nessa época, ele parecia mais ligado aos populistas que aos nacional-alemães. Depressa, tornara-se um organismo paramilitar que os Aliados denunciaram em diversas oportunidades. A partir de 1926, lançar-se-á na ação política. Congrega, então, mais de 450.000 membros, dos quais a metade pelo menos são filiados ao Jungstahlhelm e constituíam a ponta de lança do grupo[3].

Principalmente, é Hitler e o Partido Nacional-Socialista que começam a representar uma força com que a direita deve contar cada vez mais. Após sua libertação da prisão (1925), Hitler se dedicara a refazer o partido sobre novas bases. E o conseguiu perfeitamente. A progressão fora constante: de 25.000 membros em 1925, já atingira mais de 70.000 em 1927 (incluindo aí os SA, tropa de choque, que conta 30.000 membros). Essa cifra subirá para 108.000 em 1928 e para 178.000 em 1929. O partido nazista tornava-se um *partido de massas*, desde antes de 1930 (ano de seu primeiro grande sucesso eleitoral), mesmo que seus êxitos ainda sejam pequenos e sua ideologia duvidosa do ponto de vista popular. Em 1926, com efeito, Hitler conseguira afastar completamente os elementos socializantes, agrupados em torno dos irmãos Strasser[4]. Em janeiro de 1930, nas eleições da Turíngia, os nazistas alcançam um certo sucesso (11,5% dos votos) e obtêm pela primeira vez um posto de ministro num Land. Doravante, eram "ministráveis". Durante os onze meses que separam o *crash* de Wall Street das eleições de setembro de 1930, a agitação nazista não cessará de crescer, e os adeptos afluirão

---

3. Um estudo sistemático do *Stahlhelm* foi feito por V. R. Berghahn, *Der Stahlhelm-Bund der Frontsoldaten*, Düsseldorf, 1966.

4. Sobre essa tendência "socializante" do nazismo a seus defeitos, cf. Reinhard Kühnl, *Die nationalsozialistische Linke*, 1925-1930, Marburger Abhandlungen zur politischen Wissenschaft, 1966.

às dezenas de milhares. No final de 1930, os nazistas se haviam tornado um perigo real para a República. Sua importância no Reichstag lhes permitirá bloquear qualquer formação de maioria. Conseguirão até granjear a opinião dos industriais quando Hitler, por ocasião de um processo em que estavam comprometidos três oficiais nazistas, declarou que seu partido não pensava em tomar o poder pela força, mas pela via parlamentar legal (é o famoso juramento de respeitar a legalidade, proferido a 25 de setembro de 1930).

I. A tentativa Brüning (1930-1932)

a) O significado da experiência Brüning

Não somente o gabinete de coalizão de Hermann Müller, depois de quase dois anos, estava "gasto", como se diz no vocabulário parlamentar, mas, sobretudo, não correspondia mais a qualquer realidade política, econômica e sociológica. Os interesses da burguesia industrial e capitalista e os dos meios operários e de empregados, que a SPD representava, embora parecessem concordar durante um certo período, deviam divergir já ao primeiro alerta e mais ainda, tão logo a crise se abatesse com toda a sua brutalidade sobre a Alemanha. Este país seria o primeiro a ser atingido, e também da forma mais dura. Sua sensibilidade às menores variações da Bolsa Americana da qual dependia estreitamente era muito grande, a baixa de Nova York seria amplificada na Alemanha.

Já no final de 1929, os meios industriais alemães, Hindenburg e a Reichswehr estão à procura de um homem que pudesse tomar o lugar de Hermann Müller e da social-democracia, a quem não toleram mais no poder nesse período de crise. É nesse momento que começam as negociações de bastidores que acabarão por ser fatais à República e conduzirão Hitler ao poder. Tudo será feito entre alguns homens que gozam da confiança do exército, de Hindenburg e, sobretudo, dos grandes proprietários de terra e da indústria.

Nesse momento emergirá das sombras o general von Schleicher. Toda a sua carreira foi feita no Estado-Maior. Cumprira as funções de ligação entre o Reichstag e a Reichswehr, o que o colocava no coração da vida política. Quando Groener for nomeado ministro da Defesa, em 1928, ele será seu homem de confiança. Tornar-se-á mesmo o chefe do escritório ministerial da Reichswehr. Nas pré-negociações que levam à constituição do gabinete Brüning, desempenha um papel importante com Groener. No decurso do tempo, seu papel não cessará de crescer até sua própria nomeação para a Chancelaria, em novembro de 1932.

Exteriormente, nada distingue em essência o gabinete Brüning dos governos anteriores, a não ser que é uma incontestável guinada para a direita mas que, no plano parlamentar, não parece chegar até os nacional-alemães. Nem mesmo mudam de mãos os principais postos, com exceção dos ocupados até então pela SPD.

Mesmo Brüning, no final das contas, é apenas o líder da facção do Zentrum no Reichstag. Decerto, como ex-oficial, continua ligado ao exército e encarará a proposta que lhe faz Hindenburg de assumir a chancelaria como uma ordem à qual "não me é possível furtar-me". De fato, ao que parece, Brüning não está absolutamente consciente do papel que pretendem fazê-lo representar. Em compensação, tem consciência do perigo que corre a República, tanto devido à ascensão dos nazistas (que não passam de uma dúzia no Reichstag eleito em 1928) quanto, segundo ele, por causa do poder comunista. Por isso, anuncia sem subterfúgios que não hesitará em provocar a dissolução do Reichstag se não houver uma maioria a apoiá-lo. Mais precisamente, a questão é não haver uma maioria para derrubá-lo: o governo Brüning, nesse sentido, representa perfeitamente uma etapa intermediária para a eliminação do Reichstag. Viverá dois anos, graças à neutralidade do Parlamento. Não existe uma maioria a apoiá-lo, mas também não há maioria contra ele.

Nos meses seguintes, Brüning vai precisar o sentido de sua iniciativa: na falta de uma maioria positiva no Reichstag, o caso é legislar por meio de decretos presidenciais, conforme o artigo 48. É claro que seus decretos têm em mira somente o caso de perturbações da segurança pública, mas pouco importa. Um programa de austeridade é elaborado e instaurado por uma série de decretos de Hindenburg. Começou a era da Praesidialregierung[5]. No entanto, a Constituição prevê que o Reichstag pode, se o desejar, anular tais decretos presidenciais. Em outros termos, a Praesidialregierung só é possível se o Reichstag revelar uma benevolente neutralidade. Ora, em julho, o Reichstag anulará os decretos financeiros, depois de se ter revelado incapaz de votar outras medidas de qualquer ordem, por falta de maioria. Brüning replica imediatamente com a dissolução. Desaparecia, assim, o último Reichstag de maioria republicano-democrática da República de Weimar. É sintomático

---

5. "Governo presidencial": no vocabulário jurídico alemão da época, entendia-se aí um governo que se apoiava na confiança e nos poderes do presidente do Reich, na falta de poder apoiar-se numa maioria do Reichstag.

constatar que as novas eleições são marcadas para o prazo máximo permitido pela Constituição (60 dias).

A campanha eleitoral será particularmente agitada. Os nacional-socialistas se mostram ativos: multiplicam suas reuniões e perturbam as dos outros.

A situação econômica não cessa de se deteriorar: o número dos desempregados se aproxima dos três milhões.

O Partido Comunista publica seu programa "pela libertação *nacional* e *social* da Alemanha".

Os resultados das eleições serão concordantes com essa situação: os nazistas passam bruscamente de 12 para 107 deputados (de 810.000 votos para 6.400.000, ou 18,3% dos votos). A SPD perde perto de 600.000 votos (embora haja 5 milhões de eleitores novos). Os comunistas ganham cerca de 1,5 milhão de votos. Os nacional-alemães são perdedores (2 milhões de votos a menos que em 1928).

b) O fracasso de Brüning

A tentativa de Brüning de restabelecer a situação política, econômica e social, ao governar durante um período transitório deixando de lado o Reichstag, poderia ter tido êxito se tivesse conseguido agrupar em torno de si bastantes homens e partidos. Mas isso não era possível. A esse fato deve-se acrescentar que o efeito dessas eleições no estrangeiro foi catastrófico. Os valores alemães sofrem uma deterioração em todas as praças de Bolsa.

No entanto, apesar de tudo, Brüning consegue impor-se provisoriamente: a burguesia representada pelos partidos do centro e da direita moderada ainda não deseja separar-se daquele que ela colocou no poder em março. Para evitar as surpresas "parlamentares", o Reichstag se reúne cada vez menos. Houve incontestavelmente uma certa cumplicidade da direita, especialmente dos nacional-alemães que acabam de rachar, porque uma importante facção reprovava a linha aventureira de Hugenberg (o novo movimento usará o nome evocador de Volkskonservativ, isto é, "conservador popular"). Da mesma maneira, a SPD se presta ao jogo do "mal menor" que Brüning representa para ela.

Embora a agitação no Reichstag se tenha acalmado um pouco, no país ela não cessará de crescer. Assim é que os partidos de direita (nazistas, nacional-alemães, populistas) vão tomar a iniciativa, na Prússia, de exigir um referendo para a dissolução do Landtag da Prússia. O governo da Prússia era a "caça reservada" da

SPD. O Partido Comunista se aliará a essa campanha! Finalmente, fracassará (9 de agosto de 1931).

A situação econômica e financeira não devia parar de degradar-se. O número de desempregados passara para 4,4 milhões em dezembro de 1930, perto de 5 milhões no começo de 1931. No inverno de 1931-32, inverno terrível, atingirá a cifra astronômica de 6 milhões. Então se abaterá sobre a Alemanha uma crise financeira, causada pela falência do Kreditanstalt de Viena (11 de maio de 1931), seguida da falência de um dos maiores bancos alemães, o DanatBank (13 de julho de 1931).

De novo o barco parece fazer água por todos os lados: não é mais possível remediá-lo. Um projeto de União Alfandegária entre a Alemanha e a Áustria fracassa diante da oposição dos Aliados e da sua condenação pelo Tribunal de Haia (setembro de 1931).

Acontecerá uma acalmia provisória quando o presidente Hoover, a 20 de junho de 1931, propõe a moratória de um ano para todas as dívidas internacionais vinculadas às indenizações ou à reconstrução. A Bolsa de Berlim conhece sua primeira alta dentro de dois anos.

A 10 de outubro de 1931, Hindenburg recebe Hitler pela primeira vez. A conversa não dá resultados. No dia seguinte forma-se a frente de Harzburg, por ocasião de um grande encontro onde se reúnem todos os adversários da República: nazistas, capacetes-de-aço, nacional-alemães. O próprio Schacht comparece. Os meios financeiros, segundo parece, abandonaram Brüning completamente. Doravante, seus dias estarão contados. Mais e mais, por uma espécie de resvalamento insensível, é a social-democracia que permite a manutenção de Brüning no governo. Ela se acantona na neutralidade e finalmente aprova suas medidas, pelo menos no plano parlamentar. Brüning é considerado o mal menor, a única alternativa ao nazismo. Então, Hindenburg vai aparecer cada vez mais como um dos últimos obstáculos ao nazismo: é o caso de ludibriá-lo.

Como o mandato de Hindenburg expirou e o Parlamento não chegou a um acordo para um prolongamento por via legislativa, procedeu-se ao escrutínio a 13 de março de 1932. Hitler é candidato, como o é Duesterberg pelo Capacete de Aço, Thaelmann pelo Partido Comunista, Hindenburg é apresentado pelos republicanos entre os quais a SPD! O resultado do primeiro turno será eloqüente:

Hindenburg	18,6 milhões	– 49,6%
Hitler	11,3 milhões	– 30,1%
Thaelmann	4,9 milhões	– 13,2%
Duesterberg	2,5 milhões	– 6,8%

Hindenburg não alcançou a maioria absoluta por falta de 0,4% e teve de submeter-se a um segundo turno, a 10 de abril de 1932. Duesterberg retirou sua candidatura.

Hindenburg .... 19,3 milhões – 53,0%
Hitler .... 13,4 milhões – 36,8%
Thaelmann................................... 3,7 milhões – 10,2%

Apesar da eleição de Hindenburg, o escrutínio foi uma vitória para Hitler. A velha direita é esmagada. Os nazistas convertem-se na primeira força política do país. Mesmo que a 13 de abril de 1932, três dias após a reeleição de Hindenburg, os SA e os SS sejam proibidos, isso não reduzirá em nada a irresistível ascensão de Hitler. O partido voa de sucesso em sucesso, especialmente em maio, nas eleições nos diferentes Länder.

Mais ou menos nessa época, Schleicher se aproxima de Hitler, a propósito da interdição dos SA, contribuindo assim para a queda de Groener, então ministro do Interior, que se recusou a dissolver o Reichsbanner socialista (não mais que o Stahlhelm). Nesse momento, a ruptura entre o governo e Hindenburg tornava-se inevitável. Ocorrerá alguns dias depois em condições curiosas.

Há alguns anos, Hindenburg residia cada vez mais em Neudeck, na propriedade que lhe fora ofertada em 1927. A influência dos grandes proprietários de terra não parava de aumentar sobre o ancião (com 85 anos de idade). O governo Brüning estabelecera um projeto de reforma da ajuda à propriedade rural na Alemanha Oriental, bem como uma política de colonização. Os proprietários agitam, então, o espectro do "bolchevismo agrário". A isso devemos acrescentar as atividades de Schleicher que intriga cada vez mais claramente contra Brüning e que em maio é recebido em Neudeck. O próprio filho de Hindenburg se junta à cabala. A 29 de maio, de volta a Berlim, Hindenburg convoca Brüning e lhe submete condições inaceitáveis. A 30 de maio, o governo entregava seu pedido de demissão. A experiência malograva, portanto. A escolha que Hindenburg fará mostra claramente que a intenção era mudar a direção do regime e que se rompera definitivamente com qualquer forma de democracia parlamentar.

II. Os oito últimos meses (junho de 1932-janeiro de 1933)

a) Frantz von Papen: um brilhante cavaleiro na chancelaria

É Schleicher que aconselha a Hindenburg a escolha de Frantz von Papen, até então totalmente desconhecido, a não ser no Herrenklub (o clube mais aristocrático de Berlim). A personagem quase não fizera política. Ex-oficial de cavalaria, é homem do exército. O governo que ele formará em 2 de junho será um governo de barões, de homens do mundo. O fato de esse governo dispor no Reichstag de apenas 70 partidários num total de 577 deputados não parecia ter qualquer importância. Em 4 de junho, o Reichstag é dissolvido, o que dava uma moratória de quase dois meses. Nesse ínterim, já em 16 de junho, era revogada a interdição dos SA. Tudo parecia indicar que se estava caminhando para o "novo Estado" reclamado com grande estardalhaço, há alguns meses, pelos meios da extrema-direita.

Em 9 de julho, von Papen assinava os acordos de Lausanne que praticamente colocavam um fim às indenizações. No entanto, a campanha eleitoral de junho-julho iria atingir um grau de violência que superaria todas as medidas, quando os nazistas se aproveitaram para fazer demonstrações de força. Haverá uma centena de mortos e mais de 1.000 feridos em junho-julho. A 17 de julho, por exemplo, os nazistas organizam um desfile num feudo comunista: Altona (nos subúrbios de Hamburgo). Os comunistas respondem: 17 mortos dos dois lados. Os planos de von Papen vão aparecer com mais precisão a 20 de julho, quando dá um golpe de Estado na Prússia. Destitui o governo social-democrata e nomeia um comissário do Reich na pessoa de von Papen! A SPD que dispunha de uma polícia[6] muito organizada não se mexe. Era superada mais uma etapa na instauração de uma ordem nova. Quando as exações nazistas assumiram proporções insuportáveis, é editado, a 9 de agosto, um decreto contra o terror político, prevendo a pena de morte. A 11 de agosto, é cometido em Potempa (Alta Silésia) um horrível assassinato: os nazistas pisoteiam até a morte um jovem comunista, sob os olhos de sua mãe. A 22 de agosto, cinco dos nazistas são condenados à morte. Hitler envia um telegrama de apoio aos assassinos! A 2 de setembro, os assassinos são agraciados. Von Papen não ousara desafiar Hitler.

6. A polícia prussiana conta 90.000 homens.

É que, nesse meio tempo, Hitler tornara-se o chefe do primeiro partido alemão. As eleições de 31 de julho haviam dado os resultados esperados. Os nazistas passavam de 107 para 230 deputados (13,8 milhões de votos). Os nacional-alemães perdiam quase 400.000 votos e 4 cadeiras. Os populistas praticamente desapareciam do cenário político: restavam-lhes 7 cadeiras para 436.000 votos. O Zentrum ganhava 10 cadeiras, os socialistas se mantinham. Os comunistas progrediam: passam de 77 para 89 cadeiras. Portanto, o Reichstag é mais ingovernável do que nunca.

Entretanto, Hitler, recebido por Hindenburg a 13 de agosto, exige a chancelaria, do contrário se recusa a apoiar o governo. Hindenburg não cede.

O Reichstag se reúne a 30 de agosto, unicamente para escolher sua mesa diretora: Göring é eleito presidente. Uma nova reunião acontece a 12 de setembro. Depois de uma sessão que raia o burlesco, o Reichstag, que no total não se reuniu mais que algumas horas, é dissolvido. Novas eleições são marcadas para 6 de novembro.

Três dias antes dessas novas eleições, uma greve "selvagem", condenada pelos sindicatos (SPD), rebenta em Berlim, nos serviços municipais de transportes coletivos. Veremos então os comunistas e os nazistas colaborarem juntos nessa greve! Provavelmente se tratava, em Berlim, de angariar alguns votos nos meios operários, já que os nazistas sempre foram muito fracos na capital. No dia seguinte, 6 de novembro, perdem bem menos votos em Berlim do que no conjunto do Reich.

A surpresa dessas eleições será o recuo dos nazistas que perdem 3 milhões de votos e 34 cadeiras. Somente os comunistas progridem de maneira notável: ganham 500.000 votos e 11 cadeiras (dispõem agora de 100). A SPD recua, perdendo mais 12 cadeiras. Os nacional-alemães voltam a ganhar uma parte dos votos perdidos pelos nazistas.

A situação do governo Papen continua ainda precária. Não é possível qualquer maioria. Schleicher, ministro da Defesa, intriga contra Papen que se retira a 3 dezembro, para grande pesar de Hindenburg.

b) Von Schleicher, o General-Chanceler

O general von Schleicher passará seus 57 dias de chancelaria a fazer intrigas. Mas a situação política já havia ultrapassado as possibilidades da camarilha de oficiais que gravitavam em torno dele.

No entanto, o recuo dos nazistas suscitara conseqüências bastante graves para Hitler. Os cofres do partido estavam vazios, esgotados pelas campanhas eleitorais sucessivas do ano de 1932. O moral estava baixo, o poder parecendo afastar-se. Além disso, Schleicher tentará uma última manobra que levará o partido nazista à beira da ruptura; e era preciso encontrar uma saída. Schleicher se apresenta como um general social. Procura uma abertura do lado operário e inicia uma aproximação com os meios sindicalistas. As convenções coletivas são restabelecidas. Nessa mesma linha, encetam-se negociações com o que resta da ala socialista do partido nazista, dirigida por Gregor Strasser. Esse está muito perto de aceitar um posto no gabinete Schleicher. Pede demissão do partido nazista e essa demissão parece abrir uma grave crise que Hitler superará com grande dificuldade. Mas, no plano tático, Hitler se revelará o mais forte: Strasser, vencido, parte para a Itália e, embora retorne em janeiro, sua hora já passou.

Hitler se recuperará com bastante rapidez e, graças ao apoio de Papen (que agora intriga a favor de Hitler e contra Schleicher), conseguirá retomar contato com os meios da grande indústria. Schacht vai intervir também. Uma reunião com um grupo de banqueiros e de industriais, em 4 de janeiro de 1933, restaura abundantemente os cofres do partido.

As últimas intrigas são tecidas em torno do próprio Hindenburg que se mantém reticente, mas que será iludido por von Papen e por seu próprio filho Oskar von Hindenburg. O plano de Papen, com efeito, consiste em nomear Hitler chanceler, mas flanqueando-o com ele mesmo (como vice-chanceler) e com nacional-alemães. Hindenburg rejeita uma nova dissolução do Reichstag a Schleicher que, a partir de então, está condenado.

Em 30 de janeiro, o novo governo Hitler presta juramento: há apenas três nazistas, os outros são representantes da direita clássica que esperam "acorrentar" Hitler... A República de Weimar estava morta.

Conclusão

Vamos nos interrogar ainda por muito tempo e teremos dificuldade em compreender como uma democracia, no espaço de algumas semanas, pôde suicidar-se e transformar-se num totalitarismo desconhecido até o século XX, para atingir em seguida a mais selvagem barbárie.

No entanto, bastava reler Montesquieu e refletir em sua patologia dos regimes políticos. Teríamos nos lembrado das causas de transformação e de degenerescência dos regimes políticos. Nada é feito num dia. De fato, penso tê-lo mostrado: a República de Weimar, como experiência democrática, estava morta bem antes de 30 de janeiro de 1933. Talvez em 27 de março de 1930? Talvez apenas na queda de Brüning! De república, há já algum tempo, subsistia apenas o nome. E talvez seja bom lembrar também que os primeiros campos de concentração para "políticos" foram abertos antes de 30 de janeiro de 1933. Mas, inversamente, o fascismo hitlerista não conquistou a Alemanha numa única noite. Depois da chancelaria, foi-lhe necessário conquistar, passo a passo, cada câmara municipal, a cada mês, pelos mesmos métodos que poderia ter aberto os olhos dos indivíduos. O hitlerismo, em sua forma "elaborada", só foi instaurado mais ou menos a partir de 1930[1].

Quanto às causas desse fim trágico da primeira República alemã, seria tão inútil querer a qualquer preço reduzi-las a uma só (por exemplo, a crise), quanto procurar causas psicológicas, na alma alemã ou no "ressentimento" contra os Aliados. A questão é política: os erros cometidos são erros políticos. Houve erros políticos, à direita, como à esquerda. O Partido Comunista como a SPD, o Zentrum como os outros partidos burgueses têm responsabilidades enormes. Sobretudo, ao que parece, os políticos raramente souberam abstrair-se de considerações partidárias no sentido mais comum do termo. Quando se sabe, por outro lado, a que ponto os partidos dessa época foram partidos de interesses ou de classe, pode-se concluir daí que faltou à República o bem mais precioso: o senso da república, *res publica*.

---

1. Cf. o notável estudo da tomada do poder numa pequena cidade alemã de 1930 a 1935, *Une petite ville allemande*, W. A. Allen, Laffont, 1967.

SEGUNDA PARTE:

ELEMENTOS DO DOSSIÊ E ESTADO DA QUESTÃO

Documentos

1. Fragmentos do Tratado de Versalhes
2. Fragmentos da Constituição da República de Weimar.
3. Quadros das eleições legislativas de 1919 a 1933.
4. Fragmentos do programa spartakista (1919).
5. De que modo o Comitê Central do Partido Comunista vê a situação logo depois das eleições de 6 de novembro de 1932.
6. O programa nacional-socialista: os 25 pontos do programa (1920).
7. A "esquerda" nacional-socialista: manifesto por ocasião da ruptura de Otto Strasser com Hitler (1930).
8. Programa dos nacional-alemães em 1920.

Documento 1:
FRAGMENTOS DO TRATADO DE VERSALHES

Artigo 116 – A Alemanha reconhece e se compromete a respeitar, como permanente e inalienável, a independência de todos os territórios que faziam parte do antigo Império da Rússia em 1º de agosto de 1914.

De conformidade com as disposições inseridas nos artigos 259 e 292 das Partes IX (Cláusulas financeiras) e X (Cláusulas econômicas) do presente tratado, a Alemanha reconhece definitivamente a anulação dos

Tratados de Brest-Litovsk, bem como de todos os outros tratados, acordos ou convenções contraídos por ela com o governo maximalista da Rússia.

....

Artigo 117 – A Alemanha se compromete a reconhecer o pleno valor de todos os tratados e obrigações que as Potências aliadas ou associadas contraírem com os Estados que estão constituídos ou se constituirão no todo ou parte dos territórios do antigo Império da Rússia, tal como existia a 1º de agosto de 1914, e a reconhecer as fronteiras desses Estados na forma como forem fixadas.

Artigo 119 – A Alemanha renuncia, em favor das principais Potências aliadas ou associadas, a todos os seus direitos e títulos sobre suas possessões de além-mar.

Artigo 227 – As Potências aliadas e associadas acusam publicamente a Guilherme II de Hohenzollern, ex-imperador da Alemanha, por ofensa suprema contra a moral internacional e a autoridade suprema dos tratados.

Um tribunal especial será formado para julgar o acusado, assegurando-lhe as garantias essenciais do direito de defesa. Será composto de cinco juízes, nomeados por cada uma das cinco Potências seguintes, a saber: os Estados Unidos da América, a Grã-Bretanha, a França, a Itália e o Japão.

O Tribunal julgará a partir de motivos inspirados nos princípios mais elevados da política entre as nações com a preocupação de assegurar o respeito às obrigações solenes e aos compromissos internacionais bem como à moral internacional. A ele caberá determinar a pena que julgar dever ser aplicada.

....

Artigo 228 – O Governo alemão reconhece às Potências aliadas e associadas a liberdade de citar perante seus tribunais militares as pessoas acusadas de terem cometido atos contrários às leis e aos costumes de guerra. As penas previstas pelas leis serão aplicadas às pessoas consideradas culpadas. Essa disposição se aplicará não obstante todos os processos e inquéritos perante uma jurisdição da Alemanha ou de seus aliados.

O Governo alemão deverá entregar às Potências aliadas ou associadas, ou àquela dentre elas que lhe dirigir a petição, todas as pessoas que, sendo acusadas de terem cometido um ato contrário às leis e costumes da guerra, lhe forem designadas seja nominativamente, seja pelo posto, pela função ou pelo emprego que lhes tenham sido atribuídos pelas autoridades alemãs.

Artigo 231 – Os Governos aliados e associados declaram e a Alemanha reconhece que a Alemanha e seus aliados são responsáveis por havê-los causado, por todas as perdas e prejuízos sofridos pelos Governos aliados e associados e seus cidadãos em conseqüência da guerra, que lhes foi imposta pela agressão da Alemanha e de seus aliados.

Artigo 233 – O montante dos ditos prejuízos, que a Alemanha deve repará-los, será fixado por uma Comissão interaliada, que tomará o título de Comissão das Reparações e será constituída na forma e com os poderes indicados abaixo e nos Anexos II e VII.

Essa Comissão estudará as reclamações e dará ao governo alemão a faculdade eqüitativa de se fazer ouvir.

As conclusões determinadas acima serão redigidas e notificadas ao Governo alemão no máximo até 1º de maio de 1921, como representativas do total de suas obrigações.

. . . .

Artigo 234 – A Comissão das Reparações deverá, depois de 1º de maio de 1921, estudar, de tempos em tempos, os recursos e as capacidades da Alemanha, e, depois de ter dado aos representantes desse país a faculdade eqüitativa de se fazer ouvir, terá todos os poderes para estender o período e modificar as modalidades dos pagamentos futuros de conformidade com o artigo 233; mas não poderá fazer entrega de qualquer soma sem a autorização especial dos diversos Governos representados na Comissão.

Artigo 264 – A Alemanha se compromete a não submeter as mercadorias, produtos naturais ou fabricados de qualquer um dos Estados aliados ou associados, importados para o território alemão, qualquer que seja o local de onde provenham, a direitos ou encargos, inclusive impostos internos, diferentes ou mais elevados que aqueles aos quais estão sujeitos as mesmas mercadorias, produtos naturais ou fabricados de qualquer outro dos ditos Estados ou de qualquer outro país estrangeiro.

A Alemanha não manterá ou não imporá qualquer proibição ou restrição à importação para o território alemão de quaisquer mercadorias, produtos naturais ou fabricados dos territórios de qualquer um dos Estados aliados ou associados, qualquer que seja o local de onde provenham, que não se estender igualmente à importação das mesmas mercadorias, produtos naturais ou fabricados de qualquer outros dos ditos Estados ou de qualquer outro país estrangeiro.

Artigo 274 – A Alemanha se compromete a tomar todas as medidas legislativas ou administrativas necessárias para garantir os produtos naturais ou fabricados originários de qualquer uma das Potências aliadas ou associadas contra qualquer forma de concorrência desleal nas transações comerciais.

. . . .

Artigo 428 – A título de garantia de execução pela Alemanha do presente Tratado, os territórios alemães situados a oeste do Reno, inclusive as cabeças de ponte, serão ocupados pelas tropas das Potências aliadas e associadas por um período de quinze anos, a contar da entrada em vigor do presente Tratado.

Artigo 433 – Como garantia da execução dos dispositivos do presente Tratado pelos quais a Alemanha reconhece definitivamente a revogação do Tratado de Brest-Litovsk, e de todos os tratados, convenções e arranjos contraídos por ela com o Governo maximalista da Rússia, e tendo em vista assegurar o restabelecimento da paz e de um bom Governo nas províncias bálticas e na Lituânia, todas as tropas alemãs que se achem atualmente nos ditos territórios retornarão para dentro das fronteiras da Alemanha, tão logo os governos das principais Potências aliadas e associadas julgarem o momento propício levando em conta a situação interna desses territórios.

. . . .

Documento 2:
FRAGMENTOS DA CONSTITUIÇÃO DA REPÚBLICA DE WEIMAR DE 11 DE AGOSTO DE 1919

Artigo 1 – O Reich alemão é uma República. O poder do Estado se origina do povo.

Artigo 3 – As cores do Reich são preto, vermelho e ouro. O pavilhão da marinha mercante é preto, branco e vermelho com as cores do Reich no canto superior interno.

Artigo 6 – O Reich tem o direito exclusivo de legislar no que se refere a:
1º. as relações com o estrangeiro;
2º. as colônias;
3º. a nacionalidade do Estado, o direito de livre circulação, a imigração e a emigração e a extradição;
4º. a organização da força armada;
5º. as moedas;
6º. as alfândegas, bem como a unidade do território alfandegário e comercial e a livre circulação das mercadorias;
7º. os correios e telégrafos, inclusive os telefones.

Artigo 7 – O Reich tem o direito de legislar no que concerne a:
1º. o direito civil;
2º. o direito penal;
3º. o processo judiciário, inclusive a execução das penas, bem como a assistência que as autoridades devem prestar entre si;
4º. os passaportes e a polícia dos estrangeiros;

5º. a assistência aos naturais da terra e as medidas em favor dos companheiros que viajam pela Alemanha (Wanderer);
6º. o regime da imprensa, as associações e as reuniões;
7º. a política em matéria de população, as medidas em favor da maternidade, dos recém-nascidos, das crianças e da juventude;
8º. a saúde pública, a medicina veterinária e a proteção das plantas contra as doenças e insetos nocivos;
9º. o direito ao trabalho, a segurança e a proteção dos operários e empregados, assim como do emprego;
10º. a organização de representações profissionais para o território do Reich;
11º. as medidas em favor daqueles que tomaram parte na guerra e de seus parentes sobreviventes;
12º. o direito de desapropriação;
13º. a socialização das riquezas naturais ou das empresas econômicas, bem como a produção, a criação, a distribuição e a formação dos preços de bens de ordem econômica para a organização coletivista;
14º. o comércio, os pesos, as medidas, a emissão de papel-moeda, os bancos assim como as bolsas;
15º. o tráfego dos gêneros alimentícios ou de consumo, bem como dos objetos de necessidade diária;
16º. a indústria e as minas;
17º. os seguros;
18º. a navegação marítima, a pesca em alto-mar e nas costas;
19º. as estradas de ferro, a navegação interior, a circulação automóvel na terra, na água e nos ares, bem como a construção de grandes estradas na medida em que interessam à circulação geral e à defesa nacional;
20º. os teatros e os cinemas.

Artigo 13 – O direito do Reich interrompe o direito do Estado.

Artigo 14 – Enquanto não for disposto de modo diferente pelas leis do Reich, são as autoridades dos Länder que executam as leis do Reich.

Artigo 25 – O presidente do Reich pode dissolver o Reichstag, mas somente uma vez pelo mesmo motivo.
As novas eleições se realizarão no máximo 60 dias após a dissolução.

Artigo 41 – O presidente do Reich é eleito por sufrágio universal. É elegível todo alemão que tenha completado trinta e cinco anos de idade...

Artigo 43 – O presidente do Reich é eleito para sete anos. É reelegível. Antes de expirar o mandato, o presidente pode ser destituído de suas funções por referendo, a pedido do Reichstag. A decisão do Reichstag deve ser tomada por maioria de dois terços. A decisão impede o presidente do Reich de continuar suas funções. A rejeição pelo povo é considerada equivalente a uma reeleição e acarreta a dissolução do Reichstag.

. . . .

Artigo 48 – Se um Land não executar as obrigações que lhe incumbem pela Constituição ou pelas leis, o presidente do Reich pode obrigá-lo a isso com a ajuda da força armada.

No caso em que, no Reich alemão, a segurança ou a ordem públicas forem sensivelmente ameaçadas ou perturbadas, o presidente do Reich pode tomar as medidas necessárias para o restabelecimento da segurança e da ordem públicas, empregando se for o caso a força armada. Com esse objetivo, pode suspender no todo ou em parte os direitos fundamentais reconhecidos nos artigos 114, 115, 117, 118, 123, 124 e 153.

O Reichstag deve ser informado sem demora de todas as medidas tomadas com respeito ao item 1 ou 2 desse artigo. A pedido do Reichstag essas medidas são anuladas.

No caso de perigo iminente, o governo de um Land pode aplicar as medidas previstas no item 2. Elas são suspensas por solicitação do Reichstag ou do presidente do Reich.

Artigo 53 – O chanceler do Reich e, por sua proposta, os ministros do Reich são nomeados pelo presidente do Reich que igualmente põe fim às suas funções.

Artigo 54 – O chanceler do Reich e os ministros devem gozar da confiança do Reichstag. Cada um deles deve afastar-se caso o Reichstag lhe retirar expressamente a sua confiança.

Artigo 73 – Uma lei votada pelo Reichstag será, antes de sua publicação, submetida ao referendo popular (*Volksentscheid*), se o presidente do Reich, no prazo de um mês, assim o decidir.

Uma lei cuja publicação for adiada, por moção de um terço pelo menos dos membros do Reichstag, será submetida ao referendo popular, se essa solicitação for feita por um vigésimo dos eleitores.

Proceder-se-á, além disso, ao referendo quando a apresentação de um projeto de lei for reclamada por um décimo dos eleitores. O pedido de referendo só pode incidir sobre uma proposta redigida na forma de um projeto de lei. Ele é submetido ao Reichstag pelo governo que dá a conhecer o seu parecer. Não poderá haver referendo quando o projeto de lei reclamado for adotado sem modificações pelo Reichstag.

No que se refere ao orçamento, às leis de imposto ou às leis sobre os vencimentos, somente o presidente do Reich pode provocar um referendo.

Artigo 75 – Uma decisão do Reichstag só pode ser anulada por um referendo se a maioria dos eleitores tomar parte na votação.

Documento 3:
QUADRO DAS ELEIÇÕES LEGISLATIVAS DE 1919 A 1923

Somente os principais partidos aparecem nestes quadros. Não devemos esquecer, no entanto, que sempre houve pequenos partidos (em número muito grande). Esses pequenos partidos, de tendência centrista ou de direita (às vezes também partidos regionalistas), conseguiram deter até cinqüenta do total de cadeiras.

ELEIÇÕES DE 19 DE JANEIRO DE 1919
(Constituinte de Weimar)
(participação eleitoral: 83%)

PARTIDOS	VOTOS	%	CADEIRAS
Nacional-Alemães	3.121.000	10,3	44
Populistas	1.345.000	4,4	19
Zentrum + Bávaros	5.980.000	19,7	91
Democratas	5.641.000	18,6	75
SPD	11.509.000	37,9	165
Socialistas-Independentes	2.317.000	7,8	22

ELEIÇÕES DE 6 DE JUNHO DE 1920
(participação eleitoral: 79%)

PARTIDOS	VOTOS	%	CADEIRAS
Nazistas	–	–	–
Nacional-Alemães	4.249.000	14,9	71
Populistas	3.919.000	13,9	65
Zentrum + Bávaros	5.083.000	17,9	85
Democratas	2.334.000	8,3	39
SPD	6.104.000	21,06	103
USPD (social-indep.)	5.047.000	17,9	83
Comunistas	589.000	2,1	4

ELEIÇÕES DE 4 DE MAIO DE 1924
ELEIÇÕES DE 7 DE DEZEMBRO DE 1924

A primeira cifra indica os resultados de 4 de maio de 1924
(participação eleitoral: em maio 76,3%; em dezembro 77,7%)

PARTIDOS	VOTOS	%	CADEIRAS
Nazistas + aparentados	1.918.000	6,6	32
	903.000	3,0	14
Nacional-Alemães	5.698.000	19,5	95
	6.209.000	20,5	103
Populista	2.694.000	9,2	45
	3.051.000	10,1	51
Zentrum + Bávaros	4.861.000	16,6	81
	5.250.000	17,3	98
Democratas	1.655.000	5,7	28
	1.921.000	6,3	32
SPD	6.009.000	20,5	100
	7.886.000	26,0	131
Comunistas	3.963.000	12,6	62
	2.712.000	9,0	45

ELEIÇÕES DE 10 DE MAIO DE 1928
(participação eleitoral: 74,6%)

PARTIDOS	VOTOS	%	CADEIRAS
Nazistas	810.000	2,6	12
Nacional-Alemães	4.382.000	14,2	78
Populistas	2.680.000	8,7	45
Zentrum + Bávaros	4.660.000	15,1	78
Democratas	1.332.000	3,8	20
SPD	9.100.000	29,8	153
Comunistas	3.265.000	10,6	54

ELEIÇÕES DE 14 DE SETEMBRO DE 1930
(participação eleitoral: 82%)

PARTIDOS	VOTOS	%	CADEIRAS
Nazistas	6.383.000	18,3	107
Nacional-Alemães	2.458.000	7,0	41
Populistas	1.518.000	4,5	30
Zentrum-Bávaros	5.101.000	14,8	87
Democratas (Staatsp.)	1.322.000	3,8	25
SPD	8.578.000	24,6	143
Comunistas	4.592.000	13,1	77

ELEIÇÕES DE 31 DE JULHO DE 1932
ELEIÇÕES DE 6 DE NOVEMBRO DE 1932
A primeira cifra indica os resultados de 31 de julho de 1932
(participação eleitoral: em julho 84,1%, em novembro 80,6%)

PARTIDOS	VOTOS	%	CADEIRAS
Nazistas	13.800.000	37,3	230
	11.700.000	33,1	196
Nacional-Alemães	2.100.000	5,9	37
	2.200.000	8,8	52
Populistas	436.000	1,2	7
	660.000	1,9	11
Zentrum-Bávaros	5.800.000	15,9	97
	5.400.000	15,0	90
Democratas	372.000	1,1	5
	336.000	1,3	8
SPD	7.960.000	21,6	133
	7.248.000	20,0	121
Comunistas	5.283.000	14,3	89
	5.980.000	16,9	100

ELEIÇÕES DE 5 DE MARÇO DE 1933
(participação eleitoral: 88,3%)

PARTIDO	VOTOS	%	CADEIRAS
Nazistas	17.277.000	43,9	288
Nacional-Alemães	3.137.000	8,0	52
Populistas	432.000	1,1	2
Zentrum-Bávaros	5.500.000	14,0	92
Democratas	334.000	0,8	5
SPD	7.181.000	18,3	120
Comunistas	4.848.000	12,3	81

Documento 4:
FRAGMENTOS DO PROGRAMA SPARTAKISTA (1919)

Em 9 de novembro, os operários e os soldados destruíram o velho regime na Alemanha. Nos campos de batalha da França se dissiparam as ilusões sangrentas de uma dominação mundial pelo sabre prussiano. Os bandos de criminosos que acenderam o incêndio universal e mergulharam a Alemanha num mar de sangue chegaram ao fim do seu latim. E o povo, enganado por tanto tempo, esquecido por tanto tempo de todo sentimento de cultura, de honra e de humanidade, despertou ao fim de quatro anos de seu sono de pedra, na frente do abismo.

A 9 de novembro, o proletariado se levantou e sacudiu o jugo infame. Os Hohenzollern foram expulsos pelos operários e pelos soldados formados em conselhos (...).

Em todas as revoluções anteriores, foi uma pequena minoria do povo que assumiu a direção da luta revolucionária, que lhe deu um objetivo e uma orientação e que se serviu da massa como de um instrumento para conduzir à vitória seus próprios interesses, os interesses de uma minoria. A revolução socialista é a primeira que não pode ser conduzida à vitória a não ser no interesse da grande maioria, e mediante a ação da grande maioria dos trabalhadores.

. . . .

Desde as instâncias superiores do Estado até as últimas das comunas, a massa proletária deve liquidar com os órgãos de dominação da hegemonia burguesa: conselho dos ministros, parlamento, câmaras municipais.

Para tanto, deve apoderar-se do poder através de seus próprios órgãos de classe. Através de seus conselhos de Operários e Soldados, terá portanto de ocupar todos os postos, supervisionar todas as funções, medir todas as necessidades sociais pelos seus próprios interesses de classe e pelas tarefas socialistas. Somente uma influência recíproca, constantemente viva, entre as massas populares e seus organismos, pode assegurar a conduta da sociedade dentro de um espírito comunista.

....

A revolução proletária não implica em seus objetivos nenhum terror, ela odeia e abomina o assassinato. Não tem a necessidade de derramar sangue, porque ela não ataca os seres humanos, mas as instituições e as coisas. Ela não desce à arena com ingênuas ilusões, entre as quais tenha de vingar a decepção com o terror. Ela não é a tentativa desesperada de uma minoria que procura moldar o mundo a seu ideal pela força da violência. Ela resulta da ação das grandes massas que são chamadas aos milhões a cumprir sua missão histórica e a transformar em realidades as necessidades que se imprimem no povo inteiro (...).

....

Para permitir ao proletariado a realização das tarefas que precedem, eis as proposições práticas adiantadas pela Liga Spartacus:

a) Medidas imediatas de autoproteção da Revolução

1. Desarmamento de toda a polícia, de todos os oficiais e dos soldados não-proletários. Desarmamento de todos aqueles que se aparentam às classes dominantes.

2. Requisição de todos os depósitos de armas e de munições, bem como das empresas de abastecimento mediante os Conselhos de Operários e de Soldados.

3. Armamento de toda a população proletária masculina e adulta como milícia operária. Formação de uma guarda proletária dos Conselhos como parte ativa da milícia encarregada de defender a revolução permanentemente contra as investidas e as traições da reação.

4. No exército, supressão do poder de comando dos oficiais e suboficiais. Os homens da tropa os substituem por chefes eleitos e constantemente destituíveis. Supressão da obediência militar passiva e da justiça militar. Disciplina livremente consentida.

5. Exclusão dos oficiais e dos capitulantes de todos os Conselhos de Soldados.

6. Supressão de todos os órgãos políticos e administrativos do antigo regime, os quais são substituídos pelos homens de confiança dos Conselhos de Operários e de Soldados.

7. Criação de um tribunal revolucionário que julgará em última instância os principais responsáveis pela guerra e por seu prolongamento, os dois Hohenzollern, Ludendorff, Hindenburg, Tirpitz e seus cúmplices, assim como todos os conspiradores da contra-revolução.

8. *Requisição imediata de todos os víveres para garantir a alimentação do povo.*

b) Primeiras medidas no plano político e social

1. Liquidação dos Estados isolados no Reich; república socialista una e indivisível.

2. Supressão de todos os parlamentos e de todas as câmaras municipais. Suas funções serão assumidas pelos Conselhos de Operários e de Soldados, e pelos comitês e órgãos vinculados a eles.

3. Eleições para os Conselhos de Operários em toda a Alemanha, com a participação de toda a população operária dos dois sexos, na cidade e no campo, tendo como base a empresa. Da mesma forma, eleições para os Conselhos de Soldados pelos homens da tropa, com exclusão dos oficiais e capitulantes. Direito para os operários e soldados de destituir a qualquer tempo seus delegados.

4. Eleição, pelos delegados aos Conselhos de Operários e de Soldados de toda a Alemanha, de um Conselho Central dos Conselhos, que terá de nomear em seu seio uma delegação executiva, como instância suprema do poder ao mesmo tempo legislativo e administrativo.

5. Reunião do Conselho Central dos Conselhos, pelo menos a cada três meses para começar, a cada vez com total reeleição dos membros, de maneira a manter um controle permanente sobre a atividade do Executivo e um contato vivo entre as massas dos Conselhos locais de Operários e de Soldados no país e o mais alto órgão de seu poder. Direito para os Conselhos locais de Operários e de Soldados de destituir e substituir a qualquer momento seus representantes no Conselho Central, no caso em que esses não se tenham conduzido no sentido de seus mandatos. Direito para o Executivo de nomear e demitir os comissários do povo e toda a administração central, sob o controle do Conselho Central.

6. Revogação de todos os privilégios, ordens e títulos. Igualdade total dos sexos perante a lei e perante a sociedade.

7. Introdução das leis sociais e decisivas, redução da jornada de trabalho com vistas a remediar o desemprego e considerar o enfraquecimento corporal dos operários durante a Guerra Mundial. Jornada de trabalho de, no máximo, seis horas.

8. Transformação imediata das condições de alimentação, de moradia, de higiene e de educação no sentido e no espírito da revolução proletária.

c) Reivindicações econômicas imediatas

1. Confiscar todas as fortunas e rendas dinásticas em proveito da coletividade.

2. Anular todas as dívidas do Estado e todas as outras dívidas públicas, da mesma forma que todos os empréstimos de guerra, com exceção das subscrições inferiores a um determinado nível, que será fixado pelo Conselho de Operários e de Soldados.

3. Desapropriar a propriedade fundiária de todas as empresas agrárias grandes e médias; formar cooperativas agrícolas socialistas com uma direção

unificada e centralizada para todo o país; as pequenas empresas rurais continuarão nas mãos daqueles que as exploram até que estes se associem voluntariamente às cooperativas socialistas.

4. Supressão de todos os direitos privados sobre os bancos, as minas e pedreiras, e todas as outras empresas importantes da indústria e do comércio, em proveito da República dos Conselhos.

5. Desapropriar todas as fortunas a partir de determinado nível que será fixado pelo Conselho Central dos Conselhos de Operários e de Soldados.

6. A República dos Conselhos toma posse do conjunto dos transportes públicos.

7. Eleição, em cada fábrica, de um Conselho de Fábrica que terá de regular as questões internas de acordo com os Conselhos de Operários, fixar as condições de trabalho, controlar a produção e, finalmente, substituir totalmente a direção da empresa.

8. Formação de uma Comissão Central de Greve, agrupando os delegados dos Conselhos de Fábrica empenhados no movimento grevista através de todo o país. Essa comissão terá a tarefa de coordenar a direção das greves perante o Estado e o capital, e assegurar-lhes o apoio extremamente enérgico da arma política dos Conselhos de Operários e de Soldados.

D) TAREFAS INTERNACIONAIS

Retomada imediata das relações com os proletários do estrangeiro, para dar à revolução socialista uma base internacional e para impor e manter a paz mediante a fraternização internacional e o levantamento revolucionário do proletário em cada país.

Documento 5:
DE QUE MODO O PARTIDO COMUNISTA VÊ A SITUAÇÃO LOGO DEPOIS DAS ELEIÇÕES DE 6 DE NOVEMBRO DE 1932

As últimas eleições para o Reichstag se desenvolveram, em numerosas empresas, sob o signo da luta vitoriosa contra a redução dos salários, sob o signo também da onda de greves que se abateu sobre a Alemanha e atingiu seu ápice na greve dos transportes de Berlim. O resultado do escrutínio atesta o fato primordial que no momento presente constitui a luta de classes, luta que se trava em toda a Alemanha sob a direção do Partido Comunista e sob o impulso dos RGO (sindicatos comunistas), sob o signo da unidade de ação das massas operárias que forma uma frente de greve contra a ofensiva do capital e a reação fascista...

O Partido Comunista conseguiu avançar em sua penetração nas massas operárias da social-democracia, ao mesmo tempo que conquistou massas importantes de operários nacional-socialistas, bem como outros partidários trabalhadores de Hitler. Além disso, o Partido Comunista conseguiu penetrar em certas regiões católicas junto a operários católicos e chega assim a superar até mesmo o Zentrum em alguns locais.

... O Partido Comunista logrou opor uma contra-ofensiva proletária à ofensiva fascista nas massas que encontrou, na ascensão de Hitler nesses últimos anos, a sua mais perfeita expressão. Erigiu um bloco para erradicar a onda chauvinista na Alemanha. Vinculado ao sucesso da onda de greves sob a direção do Partido Comunista e dos RGO em luta contra os decretos anti-salários do governo Papen-Schleicher, o sucesso que o Partido Comunista obteve em detrimento de Hitler representa a prova de que os comunistas, por sua progressão, constituem a frente internacional contra o fascismo.

Isso proporciona ao ganho de votos do partido um significado muito maior... Se o Partido Comunista sempre foi, com base no conteúdo de classe de sua política, o único partido operário alemão, ele é agora, quanto à sua importância no proletariado, o mais importante partido do proletariado. Conseguimos superar em inúmeras regiões industriais a social-democracia que até então lograra prender a maior parte da classe operária alemã ao capitalismo.

Em Berlim, onde a 20 de julho Papen e Bracht instalaram a ditadura e onde, nas jornadas que antecederam as eleições, todo o aparelho policial do Estado capitalista foi utilizado contra os operários em greve e contra o Partido Comunista indissociável dessa luta operária, o Partido Comunista aumentou seus partidários de quase 140.000 em relação a 31 de julho. Na sede do governo Papen, o Partido Comunista é o primeiro partido, bem antes dos nazistas. O avanço em relação aos nazistas é de 141.000, em relação aos social-democratas de 215.000. Portanto, por quase um quarto de um milhão de votos, a SPD, que é o principal sustentáculo social da ditadura capitalista, foi superada na capital pelo partido revolucionário da classe operária. Isso em relação com o avanço poderoso dos comunistas contra o partido hitlerista que empurramos do primeiro para o segundo lugar, ao mesmo tempo que com a resposta das massas à campanha desavergonhada da classe dirigente contra o Partido Comunista, contra o bolchevismo...

. . . .

O recuo da SPD não diminui de maneira nenhuma seu papel de principal sustentáculo social da burguesia, ao contrário, porque o partido de Hitler perde atualmente seus partidários na classe dos trabalhadores, em lugar de penetrar mais profundamente no proletariado; o papel da SPD é mais importante para a política fascista do capital, porque ela ainda dispõe de um apoio na classe operária.

O que os operários da SPD viveram nesses últimos dias por parte dos dirigentes da SPD e da ADGB na propaganda de furadores de greves que esses dirigentes conduziram, não passa de uma prelibação dos ulteriores serviços ativos dos social-fascistas na ditadura fascista. No futuro, a direção SPD e a burocracia ADGB seguirão com bem menos escrúpulos a linha indicada por Leipart, "dar uma chance a Papen"...

(Declaração do Comitê Central do Partido Comunista, publicada na imprensa comunista em 8 de novembro de 1932. A *Rote Fahne*, órgão central dessa imprensa, estava proibida desde novembro de 1932.)

Documento 6:
O PROGRAMA NACIONAL-SOCIALISTA: OS 25 PONTOS DO PROGRAMA (1920)

"... O programa do partido operário alemão é um programa a termo. Quando forem alcançados os objetivos fixados, os dirigentes não deverão determinar outros com único propósito de permitir, mediante uma manutenção artificial da insatisfação das massas, a permanência do partido.

1. Exigimos a constituição de uma Grande Alemanha, que congregue todos os alemães com base no direito dos povos de disporem de si mesmos.

2. Exigimos a igualdade dos direitos do povo alemão com relação às outras nações, a revogação dos Tratados de Versalhes e de Saint-Germain.

3. Exigimos terra e colônias para alimentar nosso povo e absorver nossa superpopulação.

4. Somente os cidadãos gozam dos direitos cívicos. Para ser cidadão é preciso ser de sangue alemão, pouco importando a confissão. Nenhum judeu pode, pois, ser cidadão.

5. Os não-cidadãos não podem viver na Alemanha a não ser como hóspedes, e devem submeter-se à jurisdição sobre os estrangeiros.

6. O direito de fixar a direção e as leis do Estado é reservado unicamente aos cidadãos. Exigimos, portanto, que toda função pública, qualquer que seja a sua natureza, não possa ser ocupada por não-cidadãos. Combatemos a prática parlamentar, geradora de corrupção, de atribuir os postos por relações de Partido sem se preocupar com o caráter e as capacidades.

7. Exigimos que o Estado se comprometa a proporcionar a todos os cidadãos meios de subsistência. Se esse país não pode alimentar toda a população, os não-cidadãos deverão ser expulsos do Reich.

8. Deve-se impedir qualquer nova imigração de não-alemães. Exigimos que todos os não-alemães estabelecidos na Alemanha desde 2 de agosto de 1914 sejam imediatamente obrigados a deixar o Reich.

9. Todos os cidadãos têm os mesmos direitos e os mesmos deveres.

10. O primeiro dever de todo cidadão é trabalhar, física ou intelectualmente. A atividade do indivíduo não deve prejudicar os interesses da coletividade, mas inscrever-se no quadro dessa e para o bem de todos. É por isso que exigimos:

11. A supressão da renda dos ociosos e daqueles que têm a vida fácil, *a supressão da escravidão do lucro*.

12. Considerando os enormes sacrifícios de sangue e de dinheiro que toda guerra exige do povo, o enriquecimento pessoal pela guerra deve ser

estigmatizado como um crime contra o povo. Exigimos, pois, o confisco de todos os lucros de guerra, sem exceção.

13. Exigimos a nacionalização de todas as empresas pertencentes hoje a trustes.

14. Exigimos uma participação nos lucros das grandes empresas.

15. Exigimos um aumento substancial das pensões dos aposentados.

16. Exigimos a criação e a proteção de uma classe média sadia, a entrega imediata das grandes lojas à administração comunal e sua locação, a baixo preço, aos pequenos comerciantes. Deve ser concedida prioridade aos pequenos comerciantes e industriais em todas as compras do Estado, dos Länder e das comunas.

17. Exigimos uma reforma agrária adaptada a nossas necessidades nacionais, a promulgação de uma lei que permita a desapropriação, sem indenização, de terrenos para fins de utilidade pública – a supressão dos impostos sobre os terrenos e a cessação de qualquer especulação fundiária.

18. Exigimos uma luta sem mercê contra aqueles que, por suas atividades, prejudiquem o interesse público. Criminosos de direito comum, traficantes, usurários etc. devem ser punidos de morte, sem consideração de confissão ou de raça.

19. Exigimos que um direito público alemão substitua o Direito romano, servidor de uma concepção materialista do mundo.

20. A ampliação de nossa infra-estrutura escolar deve permitir a todos os alemães bem-dotados e trabalhadores o acesso a uma educação superior, e através daí a postos de direção. Os programas de todos os estabelecimentos de ensino devem ser adaptados às exigências da vida prática. O espírito nacional deve ser inculcado na escola desde a idade da razão (curso de instrução cívica). Exigimos que o Estado custeie a instrução superior das crianças particularmente dotadas de pais pobres, qualquer que seja a classe social ou a profissão destes.

21. O Estado deve preocupar-se em melhorar a saúde pública através da proteção da mãe e do filho, a proibição do trabalho da criança, a introdução de meios próprios para desenvolver as aptidões físicas através da obrigação legal de praticar esporte e ginástica, e por um forte apoio a todas as associações que se ocupam da educação física da juventude.

22. Exigimos a supressão do exército de mercenários e a criação de um exército nacional.

23. Exigimos a luta legal contra a mentira política *consciente* e sua propagação pela imprensa. Para permitir a criação de uma imprensa alemã, exigimos que:

a) Todos os diretores e colaboradores de jornais que se publiquem em língua alemã sejam cidadãos alemães.

b) A difusão dos jornais não-alemães seja submetida a uma autorização expressa. Esses jornais não podem ser impressos em língua alemã.

c) Seja proibida por lei qualquer participação financeira ou qualquer influência de não-alemães nos jornais alemães. Exigimos que toda infração a essas medidas seja sancionada pelo fechamento das empresas de imprensa culpadas, bem como pela expulsão imediata do Reich dos não-alemães responsáveis.

Os jornais que contrariem o interesse público devem ser proibidos. Exigimos que a lei combata um ensino literário e artístico gerador de uma desagregação de nossa vida nacional, e o fechamento das organizações que infringirem as medidas acima.

24. Exigimos a liberdade no seio do Estado de todas as confissões religiosas, na medida em que não coloquem em perigo sua existência ou não ofendam o sentimento moral da raça germânica. O Partido como tal defende o ponto de vista de um cristianismo construtivo, sem todavia ligar-se a uma confissão específica. Combate o espírito judeu-materialista *no interior e no exterior*, e está convencido de que um restabelecimento duradouro de nosso povo só pode ser conseguido a partir do interior, na base do princípio:

o interesse geral se sobrepõe ao interesse particular.

25. Para conduzir tudo isso a bom termo, exigimos a criação de um poder central forte, a autoridade absoluta do Comitê político sobre o conjunto do Reich e de suas organizações, bem como a criação de Câmaras profissionais e escritórios municipais encarregados da realização, nos diferentes Länder, das leis básicas promulgadas pelo Reich.

Os dirigentes do Partido prometem tudo fazer para o cumprimento dos pontos acima enumerados, sacrificando sua própria vida se for necessário."

Munique, 24 de fevereiro de 1920

Documento 7:
A RUPTURA DA "ESQUERDA" NAZISTA COM HITLER
(4 de julho de 1930) (FRAGMENTOS)

Os socialistas deixam a NSDAP.
Leitores, membros do partido, Amigos!

Acompanhamos nesses últimos meses a evolução da NSDAP com inquietação e foi com uma crescente angústia que constatamos que o Partido cada vez mais freqüentemente e em questões mais e mais importantes agia contra os princípios do nacional-socialismo.

Em inúmeras questões relativas tanto à política estrangeira como à política interna, particularmente a política econômica, o Partido tomou posições cada vez mais inconciliáveis com os 25 pontos que consideramos o único programa do partido; mais grave ainda nos pareceu o aburguesamento do Partido, a preeminência da tática sobre os princípios, e sobretudo a constatação assustadora de progresso da oligarquia no aparelho do Partido que se torna assim a razão de ser do Movimento e que coloca seus interesses antes das exigências do ideal.

Temos sempre concebido e concebemos o nacional-socialismo como um movimento conscientemente antiimperialista cujo nacionalismo se limita a lutar em prol da defesa e da garantia de sobrevivência e do crescimento da nação alemã sem tendências dominadoras quaisquer sobre outros povos e países. Para nós, *a recusa da guerra de intervenção contra a Rússia* travada pelo capitalismo internacional e ocidental sempre foi uma exigência clara, que decorre de nosso programa como das necessidades de uma política estrangeira alemã. Sempre sentimos, portanto, a posição da direção do partido em favor de uma guerra de intervenção como sendo contrária ao programa e aos interesses da política externa alemã.

Para nós, a adesão à luta do povo indiano por sua libertação da dominação inglesa e da exploração capitalista constitui uma necessidade, que decorre tanto do fato de que para uma política de libertação alemã cada enfraquecimento de uma potência signatária de Versalhes é uma vantagem, quanto do sentimento de apoio a cada combate travado por um povo contra um usurpador que o explora. É uma conseqüência necessária de nossa ideologia nacionalista reconhecer aos outros povos o que reclamamos para nós, a realização do particularismo racial, posto que nos é desconhecido o conceito liberal de "caráter sagrado da cultura".

Temos concebido e concebemos o nacional-socialismo como um movimento grande-alemão, cujo trabalho no Estado deve permitir *a edificação da Grande Alemanha racial,* rejeitando fragmentação em Estados, efetuada por motivos dinásticos, religiosos ou arbitrários (cf. as intervenções de Napoleão) e que impede toda reunião unitária das forças nacionais tal como o exige a libertação e auto-afirmação da Alemanha. Por conseguinte, a posição cada vez mais firme da direção do partido em favor do sistema dos Estados, cuja sobrevivência e mesmo ampliação dos poderes acaba de ser proclamada como uma das tarefas fundamentais do nacional-socialismo, deve ser considerada nefasta aos interesses do Estado, e cheia de perigos para a idéia de uma unidade grande-alemã.

Para nós, o nacional-socialismo sempre foi e continua sendo, principalmente, a grande antítese ao capitalismo internacional; um movimento que realiza a idéia do socialismo traído pelo marxismo, de criação de uma economia nacional em proveito dessa nação e rompe o sistema de dominação do dinheiro sobre o trabalho, que impede a eclosão da alma racial e de uma verdadeira comunidade nacional.

. . . .

Não vemos, pois, em nossa hostilidade ao marxismo e à burguesia nenhuma diferença radical, porque o liberalismo que os anima a ambos os transforma em nossos adversários. Por conseguinte, a palavra de ordem única da direção da NSDAP "contra o marxismo" é uma meia-verdade, e cresceu em nós a inquietação, mesmo que isso apenas escondesse uma simpatia pela burguesia que dissimula seus interesses capitalistas sob a mesma palavra de ordem: nada temos de comum com ela.

. . . .

Documento 8:
O PROGRAMA DOS NACIONAL-ALEMÃES EM 1920
(Plataforma para as Eleições ao Primeiro Reichstag)

Homens e mulheres da Alemanha!

O dia das eleições é o dia em que se determina o destino da Alemanha. Nesse dia o povo alemão deve decidir se deseja obter uma representação que possua a vontade e o poder de reconstruir o Estado e a economia ou se a Alemanha se abandonará à sua queda, sem recurso possível.

. . . .

O governo é responsável pelo golpe de 13 de março, por ter violado a Constituição e não ter tido boa vontade diante das reivindicações legítimas.

. . . .

O Partido Nacional-Alemão exige:

Uma política externa forte e digna. A proteção dos alemães que habitam ao longo das fronteiras ou no estrangeiro. Um governo composto dos homens mais capazes e de especialistas.

A depuração da função pública dos elementos que nela foram introduzidos sub-repticiamente e que são indignos;

Direitos iguais para todos e rejeição de uma ditadura de classe;

A segurança das pessoas e dos bens de todos os cidadãos alemães;

. . . .

A reunião de todas as forças contra o bolchevismo estrangeiro, destruidor de cultura;

O Partido Nacional-Alemão combate todo espírito não-alemão, destruidor, seja ele judeu ou não. Opõe-se à dominação cada vez mais acentuada do judaísmo, desde a Revolução, no governo e na vida pública.

. . . .

Todos os que pretendem defender a maneira alemã, a mulher e a criança, o lar, contra a invasão de potências estrangeiras, votarão pelo Partido Nacional-Alemão.

Julgamentos dos Contemporâneos

O desenvolvimento e as sucessivas crises da República de Weimar foram acompanhados com muita atenção pelos contemporâneos. Eles observaram dois perigos fundamentais: o renascimento do militarismo alemão, a tomada do poder pelos "bolcheviques". Raros foram aqueles que viram os verdadeiros perigos, principalmente após 1930. Sobretudo, parece que os contemporâneos não compreenderam que influência podia ter o estrangeiro sobre os acontecimentos na Alemanha. Quando, na realidade, a política internacional (particularmente a atitude dos Aliados no problema das reparações) era de primeiríssima importância, parece que seguiram as crises do exterior como espectadores passivos. Existia uma simpatia inegável a favor das tentativas de instauração de uma República à ocidental, mas nunca se compreendeu realmente o papel que o estrangeiro podia representar para apoiar tais tentativas (salvo, talvez, a era de Stresemann, numa pequena medida).

Escolhemos apresentar os julgamentos de contemporâneos no tocante a determinados fatos marcantes da República de Weimar.

– Sobre as eleições para a Constituinte (19 de janeiro de 1919).

"Os antigos partidos conservadores e os nacional-alemães é que parecem pagar até agora os custos da Revolução."

Les Dernières Nouvelles d'Alsace (21 de janeiro de 1919).

"Deve-se observar que o fracasso dos socialistas independentes não é tão acachapante quanto se anunciara a princípio... Os socialistas majoritários não terão, portanto, maioria absoluta na Assembléia Nacional... Toda a questão é saber se irão colaborar com os democratas ou com os independentes. É provável que os democratas farão bloco com eles ou com o centro, de acordo com as questões."

Le Temps (24 de janeiro de 1919).

– O golpe de Kapp.

"Agora que se realizou o pronunciamento, toda a história alemã desses últimos meses se torna singularmente clara e lógica. As intermináveis discussões que retardaram a ratificação da Paz, a propaganda contra a França acerca dos prisioneiros de guerra, a explosão de furor que se organizou quando os Aliados exigiram os culpados, o triunfo de Hellferich sobre Erzberger, as agressões contra as comissões interaliadas de controle, tudo isso eram apenas trabalhos de aproximação e os sintomas da contra-revolução. Estão muito enganados aqueles que acreditaram que concessões afastariam o perigo. Ao contrário, elas o precipitavam."

Le Temps (14 de março de 1920).

"Uma vez mais o bolchevismo russo e o militarismo prussiano trabalham paralelamente."

Le Temps (18 de março de 1920).

– As eleições de 6 de junho de 1920.

As causas do fracasso da SPD!

"A social-democracia tinha, quisesse ou não, a rude missão de fazer descer sobre a terra o paraíso marxista... Aqueles que se decepcionaram correm para a oposição de extrema-esquerda, e aqueles que querem resistir refluem para a oposição de direita. É esse o espetáculo a que acabamos de assistir."

Le Temps (9 de junho de 1920).

– Os acontecimentos de 1923.

Edmond Vermeil, um dos mais eminentes germanistas da época, na França, é um dos únicos a fazer um julgamento clarividente sobre a Alemanha, na coluna que, a cada semana, em *L'Alsace française*, ele dedica a esse país.

"Ao mesmo tempo que o governo de Berlim é exposto aos ataques dos agrários da Prússia e dos nacionalistas ou particularistas da Baviera, é ameaçado de outro lado pela Saxônia socialista e comunista. Os comunistas (portanto) tentaram, na Turíngia, instaurar uma espécie de ditadura. E todos esses movimentos convergem evidentemente para a constituião, na Alemanha central, de um Bloco vermelho que compreenderia a Saxônia, a Turíngia e o Brunswick. [...] A resistência passiva está perto do fim, pela própria força das circunstâncias. Mas a Alemanha que vai sair dessa crise incrível nos parece mais desordenada, mais perigosa do que nunca. Uma temível guerra civil está latente sob a cinza. Seria preciso, antes que fosse tarde, que a questão do Ruhr fosse acertada."

L'Alsace française (20 de outubro de 1923).

"Uma Alemanha comunista parece impossível e o espectro bolchevista nesse país onde a agricultura caminha a pleno rendimento, onde a maquinaria industrial é de primeira linha, onde as massas proletárias sabem muito bem que sua existência depende tanto dos camponeses fornecedores de gêneros alimentícios quanto das fábricas provedoras de trabalho regular e de salários, me parece ser um fantoche antes de tudo cômico. Mas uma Alemanha puramente nacionalista será possível?

É esse o problema, o reverso da questão, se quiserem. Por ocasião do golpe de Estado de Kapp-Luttwitz, onde o regime weimariano poderia ter soçobrado, vimos todas as organizações proletárias se levantarem, se unirem e evitarem o perigo com todas as suas forças reunidas. Teriam elas nesse momento a mesma capacidade? ...e quem de nós ignora que a sorte da Alemanha está entre as mãos da social-democracia?"

L'Alsace française (17 de novembro de 1923).

– Sobre a eleição de Hindenburg.

"Dessa vez a fachada republicana por trás da qual não cessou de agitar-se a velha Alemanha imperial e militarista se fende de alto a baixo e não mais conseguirá enganar."

Le Temps (28 de abril de 1925).

"Embora a escolha de Hindenburg atue em favor da unidade nacional e essa unidade encontre uma expressão pacífica, não pode haver dúvida de que haverá uma atitude amistosa aqui, mas não pode haver dúvida também de que a intenção pacífica da Alemanha sob Hindenburg será muito mais difícil de realizar do que se fosse eleito um presidente de tipo mais pacífico e de que será então mais fácil desviar a tendência do sentimento americano que no momento se revela razoavelmente amistoso."

Le Temps (29 de abril de 1925).

— A morte de Stresemann.

"No campo da política interna, o desaparecimento de Stresemann ameaça abalar irremediavelmente o gabinete Müller e fragmentar a coligação parlamentar pela defecção dos populistas. No campo da política externa, cabe esperar, agora que Stresemann não está mais lá, ver desenvolver-se com mais violência ainda a campanha dos nacionalistas contra o Plano Young e contra os acordos de Haia."

Le Temps (4 de outubro de 1929).

— O governo Brüning.

"É bastante surpreendente que um governo orientado para a direita possa ter sido constituído num piscar de olhos, quando se sabe perfeitamente que ele não pode conseguir uma maioria normal no Parlamento para apoiá-lo...

... Da forma como é composto, o novo gabinete alemão é essencialmente representativo dos elementos dos partidos burgueses mais inclinados à conciliação...

O Gabinete Brüning não é e não pode ser senão um Gabinete de minoria graças à complacência ora da direita, ora da esquerda, de acordo com as circunstâncias, mas incapaz de impor por seus próprios meios uma política clara e firme a um parlamento onde se chocam as tendências mais opostas."

Le Temps (30 de março de 1930).

— Os últimos meses: a grande crise e o fim da República (abril de 1932-janeiro de 1933).

Os fragmentos de jornais que aparecem abaixo foram extraídos da obra de Alfred Grosser, *Hitler, la presse et la naissance d'une dictature*, Armand Colin, 1959, col. Kiosque, 263 p.

"O Partido Social-Democrata e sua clientela nada têm a esperar de um Gabinete que reúne adversários determinados. Os operários comunistas não ignoram que serão tratados como inimigos e sem deferências. Mas esses comunistas são os únicos capazes de opor a violência a uma política interna de reação e de repressão. Não há certeza de que a social-democracia responda ao apelo de constituir uma frente única de resistência proletária que eles lhe dirigiram; não há certeza, sobretudo, de que, se o acordo tivesse de ser teoricamente realizado, ele seria seguido por uma ação comum. Há meses, diante dos sucessos repetidos do hitlerismo, a social-democracia perdeu o vigor que possuía no tempo do golpe de Kapp. Parece que o desânimo se apoderou dela e, diante do inexorável desenvolvimento dos fatos, os melhores desses homens falam, doravante, de forma desesperada."

L'Information (2 de junho de 1932).

"Situação inalterada na frente política alemã. O inventário das forças em ação não revela qualquer mudança sensível com relação à eleição presidencial e às eleições do Landtag prussiano. O novo Reichstag, embora nunca se reúna, se assemelhará como um irmão ao defunto, que viveu tão pouco. Socialistas, centristas, hitleristas continuam, com poucas mudanças, em suas posições. Somente os comunistas, que assinalam um ganho de cerca de 15%, podem reivindicar uma vantagem.

Salvo erro, é a primeira vez que o racismo hitlerista conhece uma pausa em sua marcha triunfal à frente e, no que diz respeito a isso, a manutenção do *status quo* é, sem dúvida nenhuma, um fato considerável. A onda está parada: em certas regiões da Alemanha e especialmente nas grandes aglomerações operárias, nota-se até um princípio de refluxo. Ora, combinações políticas tão instáveis quanto o racismo hitlerista não guardam uma homogeneidade relativa a não ser pelo progresso e pelo sucesso. Não ponho em dúvida, de minha parte, que essa parada foi infligida aos nazistas pelo governo Schleicher-Papen que desviou parcialmente em seu proveito a 'ideologia' hitlerista, que principalmente fez sentir à Alemanha que, o que quer que aconteça, o caminho do poder seria fechado diante de Hitler."

Le Populaire (2 de agosto de 1932).

"O que é oportuno, sobretudo, notar é que o resultado de conjunto do escrutínio oferece uma justificação retrospectiva à tática que, há uns dois anos, a Social-Democracia aplica. Para contrabalançar a perda que ela sofre, obtém finalmente o resultado capital ao qual havia sacrificado tudo.

O que quis, antes de mais nada, a Social-Democracia? Barrar a Hitler o caminho do poder, interditar-lhe o acesso legal, tirar-lhe as ocasiões de conquista pela força. Tais foram ao mesmo tempo o objetivo e a regra, e por aí se explicam tanto os atos quanto as inações que mais surpreenderam e mais emocionaram a opinião pública francesa. Ora, Hitler, doravante, está excluído do poder; está até excluído, se assim posso dizer, da esperança do poder...

... Façamos um resumo dessas primeiras impressões. A Social-Democracia conserva sua força para as lutas de amanhã. Entre Hitler e o poder é erguida uma barreira intransponível. E esse fracasso definitivo do Racismo é, por excelência, a vitória da Social-Democracia."

Le Populaire (8 de novembro de 1932).

"O fato de o Marechal von Hindenburg poder se decidir a confiar o governo ao Führer nacional-socialista, que foi seu adversário pessoal e que o combateu com tanta severidade, não seria precisamente uma coisa que aumentasse o prestígio do presidente do Reich. Seria totalmente desconcertante que, sob o pretexto de reunir uma maioria parlamentar de direita, se tivesse de vir a estabelecer uma verdadeira ditadura hitlerista, que não poderia deixar de provocar as mais vivas reações na Alemanha da parte das organizações operárias cristãs, socialistas e comunistas. Um Gabinete Hitler correria o risco de aumentar todas as dificuldades com a Alemanha e não é certo que esse governo teria o apoio sem reserva da Reichswehr, apoio que era a principal garantia de estabilidade do Gabinete von Schleicher."

Le Temps (30 de janeiro de 1933).

Problemas e Querelas de Interpretação

I. O "Mistério" da República de Weimar diante da história

Já se disse que a questão fundamental permanece: como e por que, num país com um tipo de civilização análogo ao dos outros países europeus, no século XX, uma experiência de democracia "racional" pôde tão lamentavelmente malograr e degenerar num sistema que reconduz a Humanidade à plena barbárie? É essa a essência do "mistério" da República de Weimar. Colocada em termos menos políticos, equivale a se interrogar quais são as razões da ascensão de Hitler ao poder.

Ora, colocada nesses termos, a pergunta é mal formulada e não permite uma resposta válida. No plano da historiografia, ela explica duas atitudes dominantes contraditórias e finalmente tão decepcionantes uma quanto a outra.

A primeira dessas duas atitudes consiste em procurar as causas da degenerescência da República de Weimar através dos fenômenos particularmente originais na Alemanha. Em sua formulação simplificada extrema, consiste em afirmar, de uma maneira ou de outra, a inelutabilidade do advento do nazismo (é, por exemplo, a posição apenas esquematizada de W. L. Shirer em sua famosa obra, *O Terceiro Reich: das Origens à sua Queda**).

Mas trata-se de história? No caso de Shirer, seria fácil demais falar de jornalismo, porque o autor é jornalista de profissão. O que importa aqui são as linhas gerais dessa atitude. A queda de Weimar, o advento do nazismo e a forma que o nazismo assumiu se apresentaram muitas vezes como decorrentes do conjunto da história da Alemanha num movimento absolutamente irreversível. Apega-se demais ao estudo das raízes intelectuais do Terceiro Reich. Assim é, por exemplo, que, maltratando um pouco e vulgarizando ao extremo o pensamento de Nietzsche, faz-se dele um precursor direto de Hitler. Ora, segundo parece, confundem-se duas coisas, a saber: as raízes do nazismo com as causas do fracasso de Weimar. Pode-se, na verdade, descobrir raízes intelectuais em todo movimento ideológico. Estudar a influência de Gobineau ou de Houston Stewart Chamberlain sobre Hitler oferece um interesse evidente, mas não explica de maneira nenhuma a queda de Weimar. Além disso, é-se conduzido, nesse caminho, muito rapidamente a aventar teses de alicerce racista antialemão evidente (esse fenômeno é flagrante, por exemplo, nas *Memórias* de Churchill). Ninguém se espantará, pois, que uma obra como a de Shirer tenha recebido na Alemanha uma acolhida particularmente desfavorável.

Essa tese da inelutabilidade da queda de Weimar é expressa sob outras formas, mais sérias, mesmo que todas elas não possam ser mantidas. Num artigo consagrado à problemática da história da República de Weimar ("Die Weimarer Republik als Forschungsproblem", *Viertelsjahrshefte für Zeitgeschichte*, 1955, pp. 1-19), Karl Dietrich Erdmann a difunde talvez um pouco rápido demais. O mesmo acontece com a tese tão matizada de Arthur Rosenberg (em sua obra *Entstehung und Geschichte der Weimarer Republik*, Frankfurt, 1955, pp. 231-265) que ele parece reduzir a uma concepção quase mecanicista. De fato, o que Rosenberg quer mostrar é mais sutil, e nesse ponto Gilbert Badia ("L'historiographie allemande depuis la guerre – l'Allemagne de 1918 à 1945", *Annales* 1966, pp. 449-463) faz uma análise muito mais exata. Para Rosenberg, de fato, a rejeição quase patológica da Revolução e a República burguesa e conservadora que a seguiu colocaram a República alemã "num caminho quase sem saída" (Badia). Da mesma forma,

---

* O texto original faz referência à tradução francesa editada pela Stock, 1961, 2 tomos, 683-587 pp. (N. da E.)

Erdmann rejeita muito sumariamente (quanto ao fundamento) a tese aventada por Eric E. Kollmann ("The historical significance of the Weimar Republic", *Toronto Quarterly Review*, 1947). Segundo Kollmann, a República de Weimar estava votada ao fracasso desde que, afirmando-se resolutamente liberal, não correspondia mais ao momento da História no qual pretendia inserir-se. A democracia liberal fizera seu tempo, havia correspondido no século XVIII e no XIX a um certo estágio do desenvolvimento econômico e social. Em 1918-1920, a coisa não era mais assim: na falta de uma revolução socialista, Weimar devia necessariamente degenerar em protótipo da contra-revolução. Não é, aliás, que se precise *a priori* rejeitar essa tese. Mas, na forma como é apresentada, emite um som pouco científico. Parece integrar-se numa filosofia da História que tem necessidade de fundações sólidas.

É justamente em reação contra essa primeira atitude que se desenvolveu uma *segunda atitude*, particularmente na Alemanha Federal. Essa é com razão denunciada por Gilbert Badia em sua nota citada anteriormente sobre a historiografia alemã depois da guerra. Badia formula a sua crítica no que se refere à imponente obra de K. D. Bracher (*Die Auflösung der Weimarer Republik*, 4ª ed., Villingen, 1964, 809 p.), que já é considerada um clássico. Badia lembra que Bracher "procede ao estudo das causas da queda brutal do regime weimariano com uma minúcia tal que expõe com uma infinidade de razões, sem que o leitor possa distinguir sempre as causas determinantes das causas secundárias". A essa censura Badia acrescenta a de fazer passar "o substrato econômico" para o segundo plano. A primeira censura nos parece mais justificada. É necessário lembrar-se ainda do subtítulo da obra de Bracher: *Eine Studie zum Problem des Machtverfalls in der Demokratie* (*Um Estudo sobre o Problema da Queda do Poder na Democracia*). Esse subtítulo explica de algum modo o substrato metodológico sobre o qual se coloca Bracher: pode-se dizer, com efeito, que é menos uma obra de historiador que de politólogo[1]. Aliás, Bracher leciona ciência política. Por conseguinte, "o grande desígnio" de seu grande livro se explica melhor: é destacar os mecanismos de "dissolução" (*Auflösung*) da República, a partir de 1930. A censura do excesso de minúcia se justifica sem dúvida, mas de alguma forma de modo secundário. Bracher não quis verdadeiramente analisar as

---

1. Talvez no sentido que André Siegfried dava à ciência política: a história do presente.

causas da "dissolução" do regime weimariano: quer apenas relatar. *Ora, é isso que parece grave:* há na historiografia alemã atual (RFA) como que uma *recusa* a buscar explicações globais. Foi essa recusa que deu origem a uma vasta produção de qualidade na pesquisa do detalhe, mas insatisfatória para a melhor compreensão da aventura weimariana. Assim, são publicadas inúmeras monografias, representando um trabalho meritório e honesto, mas cujos resultados não estão sempre à altura do esforço feito[2].

Atualmente, pode-se, sem avançar demasiado, afirmar que as fontes concernentes à República de Weimar são muito bem conhecidas e exploradas. O que falta é muito mais trabalhos de síntese do que trabalhos que analisem com um luxo de detalhes esse ou aquele período, ou um grupo particular.

O conhecimento histórico da República de Weimar, num certo sentido, é "perfeito". Resta efetuar um vasto trabalho de reflexão sobre um material disponível. Os únicos historiadores que teriam tentado esse gênero de trabalho são os da República Democrática Alemã e, de maneira mais matizada, os autores marxistas.

No plano específico da análise das causas da queda de Weimar, o problema se reduzirá a se perguntar qual deve ser o lugar da economia. Ora, esse lugar é concebido, curiosamente, de duas maneiras diferentes.

De um lado, a ênfase é colocada, sobretudo pelos historiadores da Alemanha Oriental, no papel das potências econômicas. Hitler é reduzido "ao papel de porta-voz das potências econômicas" (G. Badia, citado anteriormente nos *Annales* 1967). Mas, mesmo considerado nessa óptica simplista, não há obra de fundo sobre essa questão na RDA. É o pequeno opúsculo do americano G. W. F. Hallgarten (*Hitler, Reichswehr und Industrie*, Frankfurt, 1955, 139 p.) que continua sendo uma das únicas fontes.

De outro lado, é um segundo aspecto das causas econômicas da queda de Weimar que deve ser esclarecido e que o é mais no Ocidente do que no Oriente. É o problema da penetração nazista no meio operário. Entre os historiadores marxistas, somente Arthur

---

2. Testemunham os trabalhos publicados na Droste-Verlag de Düsseldorf, pela "Kommission für Geschichte des Parlamentarismus und der politischen Parteien" (35 volumes publicados até hoje). Alguns são excelentes (como o de Peter von Oertzen, *Betriebsräte in der Novemberrevolution*, 1963, tomo 25, 377 p.). Outros não passam de honesta compilação de fatos, especialmente os dedicados ao estudo de alguns partidos políticos, sobre um período muito curto (3-5 anos).

Rosenberg (mais particularmente em sua contribuição já citada em *Faschismus und Kapitalismus*, sob o título de "Der Faschismus als Massenbewegung", Frankfurt, 1967) e Gilbert Badia em sua excelente *Histoire de l'Allemagne contemporaine* (Editions Sociales, 1962, 2 tomos, sendo o primeiro consagrado a Weimar) parecem ter realmente tomado consciência do problema. Não é possível, com efeito, negar esse aspecto. Particularmente, é preciso considerar a adesão de uma facção importante dos desempregados ao nazismo, muito mais que ao Partido Comunista (embora reconhecendo, paralelamente, os progressos desse partido nos anos de crise 1929 e 1933 e mesmo, nas eleições de novembro de 1932, no momento do recuo nazista, uma progressão comunista contínua). Assim, é evidente que, a partir de 1929, exista um paralelismo surpreendente entre a curva do desemprego e a da progressão nazista nos diferentes escrutínios para o Reichstag (a tal ponto que *mesmo* o recuo nazista de novembro de 1932 pode ser atribuído a uma redução bastante sensível do desemprego a partir dos meados do ano de 1932). É verdade que esses fenômenos são talvez difíceis de "reduzir" a uma análise marxista: por isso, não basta dizer que os operários são "enganados" pela propaganda nazista (cf. o programa de libertação nacional e social proposto pelo Partido Comunista em 1930), é preciso *também* analisar as causas desse "erro" do proletariado. É um trabalho difícil e talvez ingrato, mas que ainda não foi sistematicamente empreendido.

II. A Revolução de Novembro, os Conselhos Operários e o Spartakismo

A análise histórica dos acontecimentos de novembro de 1918 a janeiro de 1919 variou consideravelmente. Na *exposição dos fatos*, tentamos mostrar, de um lado, o que denominamos a ambigüidade de novembro e, de outro, recolocar o spartakismo em seu contexto. Entre os dois é oportuno considerar também o papel dos Conselhos Operários.

Sobre os acontecimentos de novembro propriamente ditos, ao que parece, quase não subsistem mais divergências de interpretação de caráter fundamental. O movimento de 9 de novembro não foi nem mesmo *une journée de dupes*, porque não enganou ninguém. Não foram enganados os majoritários (cf. o relato de Noske em *Von Kiel bis Kapp, Zur Geschichte der deutschen Revolution*, Berlin, 1920, o qual não dissimula que os majoritários quiseram mesmo evitar um movimento como o de 9 de novembro e assumiram a sua direção apenas para melhor controlá-lo), nem os partidos burgueses (tranqüilizados pelo aval do Príncipe Max de Bade e pelo jogo da SPD: cf. *Die Regierung des Prinzen Max von Baden*, por E. Matthias e R. Morsey, Düsseldorf, 1962), nem o exército, nem sobretudo os spartakistas (como testemunha a sua oposição ao Conselho dos Comissários formado na reunião do Circo Busch). Somente depois da repressão do spartakismo é que os comunistas apresentarão, por motivos táticos evidentes, o movimento de novembro como autenticamente revolucionário. Em contrapartida, atualmente, mesmo na RDA está-se voltando a uma concepção muito mais matizada, pouco afastada das teses de Rosenberg (em *Entstehung der Weimarer Republik*, pp. 240-242), como testemunha a declaração de Walter Ulbricht: "A Revolução de novembro deve ser caracterizada como uma revolução burguês-democrática que, em certa medida, foi realizada por meios e métodos proletários" (em *Erlebnisberichte aktiver Teilnehmer der Novemberrevolution 1918-1919*, Berlin, 1958, pp. 9 e ss. e 27, citado por Peter von Örtzen, *Betriebsräte in der Novemberrevolution*, Düsseldorf, 1963, p. 56).

Ao contrário, sobre o spartakismo, as opiniões estão nitidamente divididas. Pode-se consultar com proveito as diferentes publicações que Gilbert Badia lhe dedicou (*Les spartakistes – 1918: l'Allemagne en révolution*, Julliard, 1966, 297 p., col. Archives; *Le spartakisme – les dernières années de Rosa Luxemburg et de Karl Liebknecht 1914-1919*, L'Arche, 1967, 439 p.: inclui documentos inéditos). A elas deve-se acrescentar o excelente estudo de Badia dedicado à historiografia do spartakismo, sob o título "Le Spartakisme et sa problématique" (*Annales*, 1966, pp. 654-667).

Parece, no entanto, que Gilbert Badia superestima um pouco a força e a implantação do spartakismo. Não basta saber que o spartakismo foi um autêntico movimento revolucionário, que ele tentou construir sua ação nas semanas que se seguiram à Revolução de Novembro para afirmar que a situação de dezembro de 1918 a janeiro de 1919 era revolucionária. Nem mesmo é possível apoiar-se na famosa declaração de Noske, que, ao falar de 6 de janeiro de 1919 (dia em que a insurreição spartakista atinge seu ponto culminante em Berlim), afirma: "Se essa multidão tivesse tido chefes que soubessem exatamente para onde iam, ao meio-dia daquele dia ela teria estado em Berlim". Não devemos confundir dois problemas muito distintos: o da má direção da insurreição (sobre o que não há dúvida) e o da *situação real* de Berlim e da Alemanha. Melhor dirigidos, os spartakistas talvez tivessem conseguido assumir o controle de Berlim, mas nada indica, muito ao contrário, que o movimento se teria estendido ao conjunto do país ou mesmo que se teria mantido simplesmente em Berlim. Na melhor das hipóteses, poder-se-ia ter chegado a uma situação semelhante, sob todos os pontos de vista, à da Comuna de Paris em 1871 (mesmo com o apoio de alguns centros urbanos). Finalmente, o próprio G. Badia reconhece (em "Le Spartakisme et sa problématique") que, "na falta de uma organização e de uma implantação sólida no Reich, sua influência foi apenas momentânea e episódica".

Durante as semanas de dezembro de 1918 a janeiro de 1919, pode-se dizer, em resumo, que, apesar da popularidade de seus chefes (Rosa Luxemburgo e Karl Liebknecht), apesar de uma inegável "capacidade de mobilização", o spartakismo não logrou passar do estágio dos motins para o da insurreição revolucionária.

Resta examinar o papel dos Conselhos Operários, sua real importância.

A resposta deve ser variada. Conforme o ponto de vista em que nos coloquemos: no plano de sua influência política sobre a evolução da Alemanha nas semanas que se seguiram a novembro, ou no plano de sua atividade ao nível regional ou local.

Quanto ao *primeiro ponto de vista*, pensamos ter mostrado que, afinal, a influência dos Conselhos sobre a evolução do conjunto do regime depois de novembro foi bastante pequena. Poder-se-ia mesmo adiantar que contribuíram amplamente para instaurar o sistema da República burguesa. Ao decidir, por ocasião do Congresso Nacional dos Conselhos (em dezembro), fixar a eleição da Constituinte para 19 de janeiro, pusera fim ao que ainda subsistia, no estrito plano jurídico e formal, da situação revolucionária na Alemanha. Aos spartakistas não foi possível desempenhar qualquer papel nos Conselhos (salvo em alguns casos isolados), mesmo quando pretendiam construir uma "réplica dos Conselhos".

Sobre o *segundo ponto*, é certo que os Conselhos representaram uma tentativa interessante, amplamente influenciada pelo exemplo bolchevique. Sobre esse aspecto, foram publicadas excelentes obras: especialmente Peter von Örtzen, *op. cit.*; Walter Tormin, *Zwischen Rätediktätur und soziale Demokratie. Die Geschichte der Rätebewegung in der deutschen Revolution*, Düsseldorf, 1954; Eberhard Kolb, *Die Arbeiterräte in der deutschen Innenpolitik 1918-1919*, Düsseldorf, 1962.

III. A Constituição da República de Weimar e a evolução do regime

Criticou-se muito a Constituição que entrou em vigor a 11 de agosto de 1919. Quis-se especialmente imputar-lhe uma parte não desprezível na queda do sistema.

De fato, essa Constituição se insere dentro do que se chamou, na época, "parlamentarismo racionalizado". Todas as Constituições do entre-duas-guerras (salvo, evidentemente, as da URSS, de um lado, e as das ditaduras totalitárias e fascistas, de outro) trazem a marca dessa busca da perfeição constitucional, a qual se traduz geralmente pela complicação do sistema instaurado. Essa complicação é ainda maior nos regimes federais, o que é o caso da Alemanha.

Do ponto de vista constitucional, Weimar representa uma tentativa extremamente original. O bicefalismo do Executivo, a eleição do presidente da República pelo sufrágio universal num sistema que continua em parte parlamentar, a dissolução quase discricionária do Parlamento pelo chefe do Estado não são, tomados isoladamente, elementos desconhecidos do direito constitucional da época. Sua combinação num sistema *republicano* é que representa uma inovação. A isso deve-se acrescentar a lista muito longa dos direitos individuais, bem como o famoso artigo 48 que, devido ao controle parlamentar sobre o seu exercício, não tem o alcance que se quis às vezes reconhecer-lhe. De fato, a experiência de governo presidencial nessa base constituiu um fracasso, já em 1930.

Para uma análise mais aprofundada da Constituição, deve-se reportar-se à obra de base constituída pelo livro magistral de W. Apelt, *Geschichte der Weimarer Verfassung*, 2ª ed., München, 1964, 461 p. *Adde*: Charles, "Eisenmann, Bonn et Weimar. Deux Constitutions de l'Allemagne" (*La Documentation française, Notes et Etudes documentaires*, 3 juin 1950, nº 1337). Ernst Forsthoff, *Deutsche Verfassungsgeschichte der Neuzeitz*, 3ª ed., Stuttgart, 1967, 192 p.

IV. A influência da política externa sobre o curso da República de Weimar

O problema das interferências entre a política estrangeira e o curso da República de Weimar foi debatido em todos os tempos. Já o era mesmo na época pelos contemporâneos.

Primeiramente, o Tratado de Versalhes foi objeto de vivas discussões. Deve-se evitar, no entanto, confundir a avaliação que se pode fazer do próprio Tratado de Versalhes e o que ele representa, com o julgamento no nível geopolítico sobre a evolução que devia levar à Segunda Guerra Mundial (especialmente, o problema das "garantias" e, de maneira mais geral, a atitude dos Aliados para com a Alemanha depois de 1930).

Mesmo fora da avaliação a fazer, eventualmente, sobre a grande restauração do equilíbrio europeu que foi Versalhes, *pode-se* indagar se esse *Diktat* permitia a reconstrução de uma paz duradoura na Europa, mais particularmente do ponto de vista da nova Alemanha. Convém ainda distinguir entre as disposições do Tratado de Versalhes e o problema que tanto pesou em conseqüência das *reparações*. Indiscutivelmente, o Tratado de Versalhes humilhou a Alemanha e os alemães (lembrem-se, como informação, o *frenesi* com que os alemães, ao entrar em Paris em 1940, se lançaram sobre os Arquivos do Quai d'Orsay para recuperar o original francês do Tratado). Não somente o artigo 231 ("o artigo da vergonha") mas também o conjunto do Tratado humilhava e era concebido para humilhar. A perda das colônias (apresentada como uma "punição" e o sistema hipócrita dos mandatos), a responsabilidade moral, penal e financeira, a perda de territórios, a internacionalização de determinadas frações do território alemão (canal de Kiel, por exemplo), tudo isso testemunhava uma vontade sistemática e deliberada de *punição*. A Alemanha era banida da Europa (não era admitida na Liga das Nações), o *Anschluss* então desejado tanto na Alemanha quanto na Áustria era proibido. No plano psicológico, era uma catástrofe. No plano político, é mais difícil de julgar, porque é perfeitamente ocioso indagar o que teria acontecido se fosse instaurada uma forma de paz diferente. Mas não é possível subestimar o fato de que Versalhes representou para a Alemanha um mito tão tenaz quanto a Alsácia-Lorena e a linha azul dos Vosges para a França entre 1871 e 1918.

Quanto ao problema das indenizações, é mais complexo. Em qualquer hipótese, as indenizações exigidas pelos Aliados (sobretudo pela França) eram desmedidas. Churchill (em suas *Memórias*), de uma agressividade que raiava o racismo para com o que ele chama "os Teutões", condena ele próprio, seguindo Lord Keynes, o montante e as modalidades das indenizações. Sob todos os pontos de vista, o sistema era aberrante (e nem que fosse apenas no sentido dos distúrbios que devia necessariamente suscitar para as indústrias dos países beneficiários!). Qualquer que seja a hipótese, pode-se concluir que as indenizações pesaram inutilmente sobre as relações entre os Aliados e os alemães, na medida em que o resultado final não esteve – pouco importa – à altura das pretensões.

Deve-se examinar, *em seguida*, na medida do possível, a influência da política estrangeira "geral" sobre a evolução de Weimar. Esse aspecto da vida da República de Weimar parece conhecer, no momento atual, uma voga particular na RFA (talvez também por causa do paralelo que se traça, a esse respeito, entre Weimar e Bonn). Essa voga caminha evidentemente ao lado daquela, geral, que nesses últimos anos erigiu as relações internacionais à disciplina quase autônoma. É verdade que, desde o final da Primeira Guerra Mundial, por motivos evidentes que não temos necessidade de lembrar, a influência da política internacional sobre a política interna cresceu muito (como, aliás, também o fenômeno exatamente inverso). A obra muito conhecida de Maurice Baumont, *La faillite de la paix, 1918-1919* (2 tomos, col. Peuples et civilisations, PUF), cujo primeiro tomo (nova edição 1967) cobre aproximadamente os quatorze anos de Weimar, é muito característico a esse respeito.

Na RFA, inúmeros estudos foram empreendidos em torno desse assunto: particularmente para melhor enquadrar a personalidade de G. Stresemann (cf. Annelise Thimme, *Gustav Stresemann – Eine politische Biographie zur Geschichte der Weimarer Republik*, Hanover, 1957; Roland Thimme, *Stresemann und die deutsche Volkspartei*, Lübeck-Hamburg, 1961). A obra de Ludwing Zimmermann (*Deutsche Aussenpolitik in der Ära der Weimarer Republik*, Göttingen, 1958) abrange o conjunto da política estrangeira de Weimar.

A influência *precisa* da política estrangeira sobre a vida interna de Weimar é difícil de medir. No caso de algumas manifestações específicas, é relativamente fácil. Além de Versalhes e das indenizações, é claro, por exemplo, que a ocupação do Ruhr, em janeiro de 1923, foi um importante catalisador. Por outro lado, é verdade que, *do ponto de vista interno* alemão, a era Stresemann, 1924-1929, corresponde ao período de estabilidade da República. Mas o vínculo de causalidade entre os dois elementos é muito indireto. Pode-se simplesmente afirmar, antes de tudo, que o Plano Dawes, ao estabelecer uma certa confiança nas relações da Alemanha e dos Aliados (mais particularmente, no plano *financeiro* e *econômico*), contribuiu para pôr um fim na crise de 1923. Depois, apesar do "nacionalismo" de Stresemann, é claro que sua política foi uma política de apaziguamento. Locarno é um sucesso também na política interna alemã.

Em compensação, o problema das relações com a URSS, na linha de Rapallo, é menos conhecido. Os Arquivos (notadamente, soviéticos) ainda não parecem ser muito acessíveis sobre esse ponto. Mesmo do ponto de vista alemão, toda essa política foi feita com uma certa discrição. A sua repercussão sobre a atitude do Partido Comunista alemão não parece ter sido muito importante: nenhuma comparação é possível aqui com o efeito que teve sobre o Partido Comunista francês a viagem de Laval a Moscou em 1935.

V. O problema da inflação de 1923

A inflação é um fenômeno bem conhecido dos contemporâneos. No entanto, ao que saibamos, existem apenas *dois exemplos* de inflação "louca", isto é, de um aumento que atinge proporções astronômicas do papel-moeda, em que os preços nominais (dos objetos usuais) se exprimem em milhões ou bilhões. Esses dois exemplos são, de um lado, a Alemanha de Weimar em 1923, a China de Tchang Kai-chek em 1949, pouco antes da entrada das tropas comunistas em Pequim (outubro de 1949). As causas não podem ser idênticas nos dois casos, a menos evidentemente que se reduza a inflação à sua expressão "mecânica", a saber, a utilização intensiva da emissão de dinheiro.

O grande debate sobre a inflação de 1923 gira em torno de uma questão fundamental: essa inflação foi voluntária ou não? Durante a crise, foi aventada muitas vezes a opinião, particularmente entre os credores da Alemanha, de que essa inflação demente foi desejada, conscientemente, para enfraquecer as capacidades de pagamento da Alemanha. Expressa nesses termos, essa tese não é sustentável, mesmo que esconda uma parte incontestável de veracidade. A inflação é, de fato, um fenômeno demasiado complexo para ser reduzido a uma explicação tão simplista[3].

A inflação alemã encontra sua origem, *primeiramente*, na política de financiamento da guerra entre 1914-1918. A guerra só pode ser financiada por três meios: o imposto, o empréstimo e a inflação. Quando se esgotaram as capacidades do imposto e do empréstimo, foi para a inflação que se voltaram, mais particularmente quando a

---

3. A única obra de conjunto sobre a inflação alemã é a de Constantino Bresciani-Turroni, *The economics of inflation – A study of currency depreciation in post-war Germany 1914-1932*, 2ª ed., Londres, 1953, 464 p.

economia alemã teve forçosamente de tornar-se quase autárquica (*grosso modo*, por volta de 1916-1917).

Em segundo lugar, não é possível subestimar a influência do peso das reparações sobre o equilíbrio orçamentário alemão a partir de 1919-1920.

Finalmente, o recurso à inflação tornou-se ainda mais importante no tempo da resistência passiva. Conjunturalmente, foi exatamente a partir da ocupação do Ruhr que a inflação executou um passo "qualitativo" para atingir as proporções que se conhecem. É verdade que, nesse momento (primavera de 1923), o recurso à emissão de dinheiro tornou-se o meio *exclusivo* de financiamento da resistência passiva (vimos que ela custava em média trinta milhões de marcos-ouro por dia). Acrescentava-se nesse momento o elemento psicológico inerente a toda inflação: se o público perde confiança na moeda, essa se perde rapidamente.

Em conseqüência, compreende-se que o fim da inflação estava ligado a uma dupla operação "choque": o anúncio espetacular do fim da resistência passiva (26 de setembro de 1923), depois o da criação de uma nova moeda garantida. Todo o jogo já estava feito e ganho em 15 de novembro de 1923.

No plano das indenizações, o único ganho (ainda era contestado) era a instauração rápida do Plano Dawes, assim como empréstimos que permitiriam à economia alemã restabelecer-se rapidamente. É verdade, todavia, que um segmento importante dos meios industriais alemães quase não perdera nessa crise, muito ao contrário. Não se deve subestimar tampouco a influência desses meios no conjunto das crises e dos recursos empregados para sair dela. Desse ponto de vista, é inegável uma certa colusão entre o governo Cuno, depois o governo Stresemann e os meios industriais.

VI. O financiamento de Hitler

Por curioso que isso possa parecer, é uma questão relativamente pouco conhecida. Mais precisamente, alguns aspectos da questão são mal esclarecidos.

O problema, com efeito, deve ser decomposto segundo os períodos considerados.

De um lado, o primeiro período do nazismo, o que vai até o Golpe da Cervejaria, é muito bem conhecido. Durante esse período, Hitler e seu movimento nascente surgiam como um dos inúmeros grupos e grupelhos anti-revolucionários. Por isso, eles encontrarão subsídios não-regulares, ao sabor dos encontros e dos sucessos locais (cf., sobre esses problemas, a obra já citada de W. Maser, *Naissance du parti national-socialiste allemand*, Fayard, 1967). Thyssen, por exemplo, ajuda-o a partir dessa época (cf., apesar de seu caráter muito incompleto, o livro escrito por Thyssen, *I paid Hitler*, Londres, 1941). As observações de Daniel Guérin, em seu *Fascisme et grand capital* (nova edição, Maspero, 1965, 318 p.), são, para esse período, bem mais justificadas do que para o período de 1930-1933. Mas devemos acrescentar, para esse período de 1920-1923, doações, como aquela cuja origem ainda é incerta e que permite a Hitler a compra do "Völkischer Beobachter"[4].

Para o segundo período, de 1924 a 1930, os elementos são muito mal conhecidos. Hallgarten (*op. cit.*) não encontra quase nada para indicar.

De fato, o movimento foi bastante pobre, porque a indústria se voltava muito mais para os nacional-alemães e para os populistas, seus aliados tradicionais.

Enfim, para o último período, os elementos são mais claros. Alguns detalhes muito precisos são bem conhecidos.

A partir de 1930, progressivamente, a indústria (não somente a indústria pesada) e as finanças (cf. o papel de Schacht) vêem cada vez mais em Hitler o elemento mais "seguro"[5]. Isso até o verão de 1932. Nessa data, a ligeira retomada da economia, a impossibilidade em que se encontram os nazistas de chegar ao poder, as repetidas campanhas eleitorais fazem com que os cofres do partido se esvaziem pouco a pouco[6]. Depois das eleições de novembro de 1932, a situação é catastrófica. Somente no final de dezembro e início de janeiro de 1933 é que, com a intromissão de von Papen, um novo "esforço" é consentido por certos banqueiros e industriais. Esses esforço não será desmentido nem mesmo depois de 30 de janeiro, como o testemunha o célebre encontro de 20 de fevereiro de 1933 entre os dignitários nazistas, com Hitler à frente, e os grandes industriais.

---

4. A afirmação segundo a qual Hitler teria sido também financiado pelos franceses, se é plausível para essa época, não foi até agora estabelecida com certeza.

5. Assim, Hitler é convidado a falar no Industrieklub de Düsseldorf, a 27 de janeiro de 1932.

6. O governo von Papen foi também mantido pela indústria que, por um momento, acreditou mais nele e nessa "Ordem Nova" de que então se falava.

No momento atual, devemos evitar, todavia, toda revelação e conclusão apressadas demais. Certos elementos ainda são mal conhecidos. As fontes autênticas são pouco numerosas (mesmo as "revelações" feitas no Tribunal Internacional de Nuremberg devem ser acolhidas com precaução).

Bibliografia

A bibliografia da República de Weimar constitui um mundo particular no qual devemos nos movimentar com a mais extrema prudência. Em seu "manual" da República de Weimar, Albert Schwarz (*Die Weimarer Republik*, Constance, 1958, 239 p.) oferece uma bibliografia sistemática que inclui várias centenas de livros. Essa bibliografia pode representar um excelente instrumento de trabalho.

A bibliografia indicada abaixo será limitada. Tentaremos, simplesmente, dar os principais títulos para cada um dos grandes problemas.

I. Obras citadas

a) As memórias

Entre as mais interessantes:

BRAUN, Otto. *Von Weimar zu Hitler*, 3ª ed., Hamburg, 1948. De autoria daquele que presidiu, durante quase dez anos, o governo do Land da Prússia (SPD).

LÖBE, Paul. *Erinnerungen eines Reichstagspräsidenten*, Berlin, 1949.

MEISSNER, Otto. *Staatssekretar unter Ebert, Hindenburg, Hitler*, Hamburg, 1950.

Meissner estava em boas condições para conhecer intrigas e desempenhou um papel importante no caso da nomeação de Hitler para a chancelaria, contribuindo para eliminar as últimas reticências de Hindenburg.

Noske, Gustav. *Von Kiel bis Kapp. Zur Geschichte der Novemberrevolution*, Berlin, 1920.

_____ . *Erlebtes auf Aufstieg und Niedergang einer Demokratie*, Offenbach M., 1947.

Scheidemann, Philipp. *Memoiren eines Sozialdemokraten*, Dresden, 1928, 2 tomos.

Severing, Carl. *Mein Lebensweg*, Köln, 1950, 2 tomos.

As duas últimas obras estão entre as mais importantes e as mais interessantes.

b) Obras que abarcam o conjunto da República de Weimar

Além das obras já citadas de G. Badia, A. Rosenberg e A. Schwarz, os melhores títulos são:

Conze, Werner. *Die Zeit Wilhelms II und die Weimarer Republik. Deutsche Geschichte 1890-1933*, Tübingen-Stuttgart, 1964.

Eyck, Erich. *Geschichte der Weimarer Republik*, Erlenbach-Zürich, 1962, 2 tomos, 448-621 p.

Esta obra foi criticada muitas vezes porque é escrita incontestavelmente de um ponto de vista liberal, resolutamente anticomunista. No entanto, continua sendo uma das melhores obras de conjunto e constitui uma introdução excelente ao estudo da República de Weimar.

Heiber, Helmut. *Die Republik von Weimar*, München, 1966, dtv 4003, 283 p.

Vermeil, Edmond. *L'Allemagne contemporaine, sociale, politique, culturelle*, Aubier, 1953, tomo 2: *A República de Weimar e o 3º Reich*, 443 p.

A essas acrescentaremos a obra de Theodor Eschenburg, *Die improvisierte Demokratie*, München, 1963, 306 p. A obra é desigual, mas contém concepções às vezes originais. Da mesma forma, a coletânea coletiva publicada sob o título *Der Weg in die Diktatur*, München, 1963, 245 p., contém algumas contribuições de primeiríssima importância.

II. Os partidos políticos

a) Obras gerais

A obra mais clássica é a de Ludwig Bergsträsser, *Geschichte der politischen Parteien in Deutschland*, 11ª ed., München, 1965, 395 p. Esta obra será completada proveitosamente por uma coletânea que abarca os programas dos partidos políticos alemães: Wilhelm Mommsen, *Deutsche Parteiprogramme*, München, 1960.

Erich Matthias e Rudolf Morsey publicaram uma obra bastante completa sobre os partidos políticos no extremo final de Weimar: *Das Ende der Parteien – 1933*, Düsseldorf, 1960, 816 p.

O Instituto Leo-Baeck dedicou um excelente volume à atitude dos partidos políticos diante do anti-semitismo: *Entscheidungsjahr 1932 – Zur Judenfrage in der Endphase der Weimarer Republik*, 2ª ed., Tübingen, 1966, 615 p.

b) Obras consagradas a um partido político

Devemos lembrar, em primeiro lugar, o conjunto das monografias publicadas pela *Kommission für Geschichte der Parlamentarismus und der politischen Parteien.*

O tomo 8 de Werner Liebe, *Die Deutschnationale Volkspartei 1918-1924*. O tomo 22 de Wolfgang Hartenstein, *Die Anfänge der Deutschen Volkspartei 1918-1920*. O tomo 30 de Erasmus Jonas, *Die Volkskonservativen 1928-1933* e finalmente o tomo 32 de Rudolf Morsey, *Die Deutsche Zentrumpsartei 1917-1923*.

Todas essas obras são editadas pela Droste-Verlag de Düsseldorf.

Para o Partido Comunista, devemos nos reportar à obra de Ossip K. Flechtheim, *Die K.P.D. in der Weimarer Republik*, Offenbach, 1948, 295 p. A informação é segura, a crítica por vezes severa nunca é partidária. Uma coletânea foi publicada por Enzo Collotti, *Die K.P.D. – 1918-1933*, Milano, 1961.

Os historiadores da RDA se interessaram mais particularmente pela história do Partido Comunista. Infelizmente, a falta de objetividade é aqui tão grande que só se pode utilizá-los com extrema cautela. Em compensação, a publicação de documentos efetuada sistematicamente é do maior interesse (embora a escolha seja muitas vezes arbitrária). É o que acontece com a coletânea *Zur Geschichte der K.P.D. 1914-1946*, Berlin, 1955. A esses acrescentaremos com muito proveito os novos volumes da *Geschichte der deutschen Arbeiterbewegung* (Berlin, 1966). Do mesmo modo, as seleções de escritos e de discursos de alguns líderes do Partido Comunista:

ZETKIN, Clara. *Ausgewahlte Reden und Schriften*, 3 tomos.
PIECK, Wilhelm. *Gesammelte Reden und Schriften*, 3 tomos publicados.

A SPD, curiosamente, ainda não encontrou seu mestre-historiador. Somente alguns aspectos desse partido foram estudados: como o excelente estudo dedicado à imprensa social-democrata por:

KOSZYK, K. *Zwischen Kaiserreich und Diktatur Die sozial-demokratische Presse von 1914 bis 1933*, Heidelberg, 1958, 276 p.

Para o Partido Nacional-Socialista, reportar-nos-emos à obra já citada de Werner Maser (para o período de 1920-1924). Para a seqüência, não faltam obras. Contentar-nos-emos em citar algumas:

BULLOCK, Alan. *Hitler ou les mécanismes de la tyrannie*, Marabout Université, 1963, 2 tomos.
GISEVIUS, Hans-Bernd. *Adolf Hitler, Eine Biographie. Versuch einer Deutung*, München-Zürich, 1967, 478 p.

Obra excelente, que ultrapassa amplamente o único aspecto biográfico que parece indicar seu título. *Adde*: W. L. Shirer, *Le Troisième Reich des origines à la chute*, citado (mais particularmente o tomo 1).

III. A Revolução de Novembro e o Spartakismo

As obras de G. Badia, já citadas, são desiguais, apesar das reservas expressas.

A elas devemos acrescentar, em primeiro lugar, o excelente estudo publicado pelo Partido Comunista alemão: *Illustrierte Geschichte der deutschen Revolution*, Berlin, 1929. De outro lado, também aqui foi feito um esforço particular na RDA para a publicação de documentos:

REEDIÇÃO das *Spartakusbriefe*, Berlin, 1958.

LIEBKNECHT, Karl. *Gesammelte Reden und Schriften*, (no prelo).

LUXEMBURG, Rosa. *Ausgewählte Reden und Schriften*, 1955.

DOKUMENTE *und Materialen zur Geschichte der deutschen Arbeiterbewegung* (Berlin, 1957 e 1958, cuja série II abarca, em 3 tomos, o período 1914-1919).

STERN, Leo. *Die Auswirkungen der grossen Sozialistischen Oktoberrevolution auf Deutschland*, Berlin, 1959, 4 vols., inclui textos particularmente interessantes.

Uma pequena coletânea foi publicada em francês por André e Dori Prudhommeaux, sob o título de *Spartacus et la Commune de Berlin, 1918-1919* (*Cahiers Spartacus*, editado por René Lefeuvre, Paris, 1949, 127 p.). Inclui a tradução dos textos mais importantes.

Para os Conselhos Operários, deve-se reportar-se a três obras já citadas:

TORMIN, Walter. *Zwischen Rätediktatur und soziale Demokratie. Die Geschichte der Rätebewegung in der deutschen Revolution*, Düsseldorf, 1954.

KOLB, Erich. *Die Arbeiterräte in der deutschen Innenpolitik, 1918-1919*, Düsseldorf, 1962.

OERTZEN, Peter von. *Betriebsräte in der Novemberrevolution*, Düsseldorf, 1964.

Esse último constitui, até hoje, o melhor estudo e o mais original do papel dos Conselhos Operários.

Para os sindicatos, reportar-nos-emos à tese de Robert Götz, *Les syndicats ouvriers allemands après la guerre*, tese de Direito, Lyon, 1934, 313 p.

IV. A política estrangeira

A melhor obra parece ser a de Ludwig Zimmermann, *Deutsche Aussenpolitik in der Ära der Weimarer Republik*, Göttingen, 1958.

No que se refere ao problema das relações com a União Soviética, será lida com proveito a obra de Fritz Klein, *Die diplomatischen Beziehungen Deutschlands zur Sowjetunion 1917-1932*, Berlin, 1957.

Adde: As obras citadas relativas a Stresemann (A. e R. Thimme), bem como a obra de M. Baumont, *La faillite de la paix*, nova ed., PUF, 1967, t. I.

V. A Reichswehr e a República

Uma excelente introdução será fornecida por Otto-Ernst Schüddekopf, *Heer und Republik, Quellen zur Politik der Reichswehrführung 1918-1933*, Hanover-Frankfurt, 1955.

O ponto de vista particular da obra de G. Castellan a transforma num instrumento de trabalho interessante: *Le réarmement clandestin du Reich 1930-1935, vu par le 2ᵉ bureau de l'État-Major français*, tese, Paris, 1954.

Em compensação, devemos ser muito prudentes com a obra de J. Benoist-Méchin, *Histoire de l'armée allemande 1918-1946*, 10 vols. (só os três primeiros cobrem Weimar).

Adde: H. J. Gordon, *Die Reichswehr und die Weimarer Republik 1919-1926*, Frankfurt, 1959 (tradução de obra americana).

A grande obra de J. W. Wheeler-Bennett, *The Nemesis of Power – The German Army in Politics 1918-1945*, Londres, 1953, pode ser consultada com proveito, apesar das lacunas e dos julgamentos por vezes tendenciosos.

VI. A Evolução da política interna

Para os problemas constitucionais reporta-nos-emos às obras já citadas de W. Apelt e E. Forsthoff.

Adde: Edmond Vermeil, *La Constitution allemande et le principe de la Démocratie allemande*. Strasbourg-Paris, 1923, 473 p. Excelente análise das posições constitucionais dos partidos políticos na Constituição de Weimar.

Para os problemas eleitorais: A. Milatz. *Wähler und Wahlen in der Weimarer Republik*, Bonn, 1965, 152 p. (numerosos mapas). Obra de fácil manuseio e muito completa, analisando perfeitamente a evolução de Weimar à luz dos diferentes escrutínios.

Sobre as ideologias de extrema-direita (não-nazistas):

SONTHEIMER, Kurt. *Antidemokratisches Denken in der Weimarer Republik*. München, 1962.

SCHÜDDEKOPF, Otto-Ernst. *Linke Leute von Rechts*, Stuttgart, 1960.

Consagrada ao nacional-bolchevismo, a obra ultrapassa esse simples quadro. Estudo de grande valor.

Sobre a crise econômica (1929-1932):

TREUE, W. *Deutschland in der Weltwirtschaftskrise in Augenzeugenberichten*. Düsseldorf, 1967, 440 p.

Seleção de textos diversos (artigos, documentos inéditos) da época sobre a grande crise na Alemanha.

VII. O Fim da República de Weimar

A obra fundamental continua sendo a de Karl-Dietrich Bracher, *Die Auflösung der Weimarer Republik*, 4ª ed., Villingen, Ring-Verlag, 1964, 809 p.

Apesar de seus defeitos já indicados, é indispensável referir-se a ela. Inclui, além disso, uma bibliografia que não abrange menos de 1300 títulos!

Adde:

BADIA, G. *La fin de la République allemande 1929-1933*, Ed. Sociales, 1958, 136 p.

De uso fácil, retomada em sua essência na História da Alemanha contemporânea do mesmo autor.

GROSSER, A. *op. cit.*, Col. Kiosque.

Coleção Khronos

1. *O Mercantilismo*, Pierre Deyon.
2. *Florença na Época dos Médici*, Alberto Tenenti.
3. *O Anti-Semitismo Alemão*, Pierre Sorlin.
4. *Mecanismos da Conquista Colonial*, Ruggiero Romano.
5. *A Revolução Russa de 1917*, Marc Ferro.
6. *A Partilha da África Negra*, Henri Brunschwig.
7. *As Origens do Fascismo*, Robert Paris.
8. *A Revolução Francesa*, Alice Gérard.
9. *Heresias Medievais*, Nachman Falbel.
10. *Armamentos Nucleares e Guerra Fria*, Claude Delmas.
11. *A Descoberta da América*, Marianne Mahn-Lot.
12. *As Revoluções do México*, Américo Nunes.
13. *O Comércio Ultramarino Espanhol no Prata*, Emanuel Soares da Veiga Garcia.
14. *Rosa Luxemburgo e a Espontaneidade Revolucionária*, Daniel Guérin.
15. *Teatro e Sociedade: Shakespeare*, Guy Boquet.
16. *O Trotskismo*, Jean-Jacques Marie.
17. *A Revolução Espanhola 1931-1939*, Pierre Broué.
18. *Weimar*, Claude Klein.
19. *O Pingo de Azeite: A Instauração da Ditadura*, Paula Beiguelman.
20. *As Invasões Normandas: Uma Catástrofe?*, Albert d'Haenens

Impresso na
**press grafic
editora e gráfica ltda.**
Rua Barra do Tibagi, 444 - Bom Retiro
Cep 01128 - Telefone: 221-8317